METODOLOGIA DA PESQUISA JURÍDICA

WELBER BARRAL
Professor licenciado da Universidade Federal de Santa Catarina

METODOLOGIA DA PESQUISA JURÍDICA

5ª Edição

Belo Horizonte
2016

Impresso no Brasil | *Printed in Brazil*

EDITORA DEL REY LTDA.
www.livrariadelrey.com.br

Editor: Arnaldo Oliveira

Editor Adjunto: Ricardo A. Malheiros Fiuza

Editora Assistente: Waneska Diniz

Coordenação Editorial: Wendell Campos Borges

Projeto Gráfico: Dilex Editoração Ltda.

Diagramação: Dilex Editoração Ltda.

Revisão: RESPONSABILIDADE DO AUTOR

Capa: CYB Comunicação

Editora / MG
Rua dos Goitacazes, 71 – Sala 709-C – Centro
Belo Horizonte – MG – CEP 30190-050
Tel: (31) 3284-5845
editora@delreyonline.com.br

Barral, Welber Oliveira
B268 Metodologia da pesquisa jurídica / Welber Barral. – Belo Horizonte: 5ª edição, Del Rey, 2016.
216 p.
ISBN 978-85-384-0440-8
1. Direito – Metodologia. 2. Redação forense. 3. Direito – pesquisa. Título
CDU: 34:001.8

Para Cynara Barral,
in memoriam.

SUMÁRIO

NOTA DO AUTOR

Mudanças substanciais vêm ocorrendo, nos últimos anos, nos cursos de Direito no Brasil. Há um lado negativo, materializado na multiplicação interminável desses cursos, com a absorção de alunos pouco preparados, submetidos a professores menos ainda. Mas há um reflexo positivo: a concorrência incentiva a busca de qualificação, os alunos tomam consciência da necessidade do estudo sério, aumentam as exigências para acesso aos cursos de pós-graduação, valoriza-se a formação acadêmica sólida.

Nesse cenário, os estudantes de Direito são submetidos à exigência de elaboração de um trabalho científico, seja para conclusão do curso de graduação, seja para completar cursos de pós-graduação.

A disciplina que visa à capacitação para pesquisar e redigir trabalhos científicos é a Metodologia da Pesquisa Jurídica, e é a esse tema que se dedica esta obra. Faz-se necessário aqui um esclarecimento, buscando desmanchar um dos mitos desta matéria: estudar Metodologia é, sobretudo, estudar técnicas que facilitam a pesquisa e melhoram seus resultados; estudar Metodologia **não** é ficar decorando as infames regras da ABNT. Essas regras são explicadas e organizadas neste livro e devem sempre ser consultadas.

Mas é certo que decorar normas que podem ser consultadas não é o mais relevante. Relevante é: (a) compreender a função da pesquisa no mundo jurídico, (b) aprender seus objetivos e possibilidades, (c) desenvolver disciplina própria para estudo, (d) manter coerência com os métodos utilizados, (e) transmitir eficazmente os conhecimentos adquiridos ou desenvolvidos e (f) conseguir dar contribuição efetiva para a área de conhecimento sobre a qual verse o trabalho de pesquisa. Como se vê, há algo muito mais relevante que ficar discutindo se "depois do nome da cidade vem dois pontos ou vírgula". Esse último problema, que alguns julgam fundamental para a ciência contemporânea, pode muito bem ser resolvido com consulta às regras de formatação, constante no Capítulo 7.

Este livro pretende, portanto, ajudar o leitor a desenvolver habilidades de pesquisa, que têm importância não apenas agora, diante do desafio da folha em branco que exige uma tese, mas também no futuro, na prática profissional. A atividade de operador jurídico continuará demandando maior grau de sofisticação intelectual e de especialização, para os quais o trabalho científico é uma excelente experiência. Um amigo do autor, que é juiz, sempre diz que se podem reconhecer os advogados que fizeram trabalhos científicos na graduação por duas características: a primeira é que suas petições são mais elaboradas, claras e fundamentadas; a segunda é que têm notas de rodapé.

Este livro se preocupará mais com a primeira característica: como fundamentar um raciocínio científico na área de Direito. Para isso, pretende-se acabar com outro mito do meio jurídico, o de que um trabalho sério deve necessariamente ser mal-humorado e pomposo. Este livro é propositadamente coloquial, até porque, deriva de anotações dos cursos que o autor ministrou sobre o assunto, por este país afora, e de sua experiência como coordenador de monografias na Faculdade de Direito da Universidade Federal de Santa Catarina (UFSC). É, portanto, um trabalho de caráter pragmático, que se preocupa menos com o estado do debate sobre epistemologia do Direito, e mais com técnicas efetivas para incrementar a atividade do pesquisador iniciante.

PREFÁCIO À 5ª EDIÇÃO

A contínua aceitação desta obra por estudantes e professores, especialmente da área jurídica, levou à impressão de mais uma edição – a quinta - pela prestigiosa editora Del Rey. O texto foi atualizado com as normas da ABNT em vigor e mudanças pontuais buscam deixar o texto ainda mais claro para o pesquisador iniciante.

Várias dessas mudanças decorreram de sugestões de leitores e amigos. Um agradecimento particular, nesse sentido, deve ser dirigido à professora Carolina Bohrer pela leitura atenta do texto preliminar.

O Autor

A MONOGRAFIA JURÍDICA

1. O QUE É UMA MONOGRAFIA

A primeira tarefa de qualquer obra didática é definir o seu objeto. Bem, aqui nos deparamos com o primeiro problema, diante da enorme variação terminológica quando se fala de Metodologia da Pesquisa Jurídica. Isso pode ser explicado – e os parágrafos abaixo discutem essa ideia – pela pouca tradição da matéria. Em consequência, alguns termos são utilizados com diferentes significados em vários cursos de Direito neste país.

Busquemos algum entendimento sobre os conceitos fundamentais. Em primeiro lugar, o termo "monografia" é, literalmente, o exame de um único tema (*mono* + *graphos*). Por isso, qualquer trabalho que se proponha a examinar um tema específico, esgotando a sua análise, seria subsumível no conceito genérico de monografia. Nesse primeiro sentido, "um trabalho monográfico" se opõe a "um trabalho genérico".

Entretanto, há ainda um conceito menos lato, no qual "monografia" é sinônimo de um trabalho final para conclusão de curso, no qual seu autor se dedica à pesquisa bibliográfica sobre determinado assunto. Esse é o significado mais utilizado entre os educadores da área de Direito. Nesse sentido, a "monografia" se distingue tanto de outras atividades acadêmicas (como "relatórios de estágio", "relatórios de audiência") como de outros trabalhos de conclusão de mestrado ou de doutorado.

Portanto, e – repita-se – embora não haja perfeita uniformidade entre as práticas regionais, os cursos de Direito no Brasil vêm adotando as seguintes definições:

> (a) relatório de estágio: é a descrição de atividades para-acadêmicas, previamente indicadas ou autorizadas pelo respectivo curso;
>
> (b) relatório de audiência: é a descrição e/ou análise de audiências judiciais assistidas/acompanhadas pelo aluno;
>
> (c) artigo (também denominado de *paper*): trabalho escrito, geralmente de conclusão de disciplina, sobre tema indicado pelo professor, com 10-20 páginas, de pesquisa ou revisão bibliográfica ou resolução de problema;
>
> (d) monografia (também denominado Trabalho de Conclusão de Curso ou TCC)[1]: elaborado pelo aluno como exigência para o curso de graduação ou pós-graduação *lato sensu* (especialização); geralmente, abrange 50-100 páginas;
>
> (e) dissertação (também denominada tese de mestrado): trabalho de conclusão do curso de mestrado, abrange 100-200 páginas;
>
> (f) tese: trabalho de conclusão do doutorado, geralmente contém mais de 200 páginas, e do qual se exige uma contribuição original para a área de conhecimento.[2]

---

[1] Neste livro, os termos "monografia" e "TCC" serão usados indistintamente.

[2] O termo "tese" também pode abranger mais de um significado: (a) em sentido lato, é a defesa de uma ideia, de um ponto de vista; (b) em sentido estrito, é o trabalho acadêmico de conclusão de doutorado.

A **NBR 14724**, que estabelece princípios gerais para a elaboração de trabalhos acadêmicos, apresenta as definições de tese, dissertação e outros trabalhos acadêmicos.[3]

(a) Monografia

> Documento que representa o resultado de estudo, devendo expressar conhecimento do assunto escolhido, que deve ser obrigatoriamente emanado de disciplina, módulo, estudo independente, curso, programa, e outros ministrados. Deve ser feito sob a coordenação de um orientador.

(b) Dissertação

> Documento que representa o resultado de um trabalho experimental ou exposição de um estudo científico retrospectivo, de tema único e bem delimitado em sua extensão, com o objetivo de reunir, analisar e interpretar informações. Deve evidenciar o conhecimento de literatura existente sobre o assunto e a capacidade de sistematização do candidato. É feito sob a coordenação de um orientador (doutor), visando à obtenção do título de mestre.

(c) Tese

> Documento que representa o resultado de um trabalho experimental ou exposição de um tema único e bem delimitado. Deve ser elaborado com base em investigação original, constituindo-se em real contribuição para a especialidade em questão. É feito sob a coordenação de um orientador (doutor) e visa à obtenção do título de doutor, ou similar.

Sobre as definições acima, podem-se fazer inúmeras observações. A primeira delas é que o número de páginas é menos

[3] Cf. ABNT, **NBR 14724**, de abril de 2011, p. 2 a 2.

relevante do que o conteúdo efetivo do trabalho. Algumas universidades sequer delimitam o número de páginas, e as páginas indicadas aqui mencionam apenas a praxe acadêmica corrente. Certamente, é muito mais proveitoso um trabalho curto, mas que contribua realmente para a evolução do tema, do que aqueles longos e embolorados tratados, com capítulos absolutamente inúteis sobre o histórico do instituto estudado, ou com descrições minuciosas e enfadonhas sobre aquela regra jurisdicional no direito interno do Cazaquistão.

Uma segunda observação é que todos os trabalhos indicados – artigo, monografia, dissertação, tese – são trabalhos científicos, no sentido de que devem trazer contribuição ao conhecimento do tema que propõem. A distinção entre esses trabalhos se refere menos ao número de páginas, e mais ao grau de profundidade analítica que devem conter, por refletirem o amadurecimento intelectual do aluno. Tanto assim que da tese de doutorado se exige uma contribuição original para o tema proposto.

Outra distinção, de caráter formal, é o momento acadêmico em que cada um desses trabalhos é exigido. No caso da monografia, as Diretrizes Curriculares do Curso de Direito do Ministério da Educação (MEC) exigem a elaboração, pelo aluno formando, de um trabalho de conclusão de curso (monografia) em qualquer área do conhecimento jurídico.[4] A norma pretendeu incluir uma nova exigência nos currículos jurídicos, e ao mesmo tempo acompanhar tendência identificável em outros cursos, onde a exigência de um trabalho individual de

---

[4] Diretrizes Curriculares do Curso de Direito/2000: "(XII) DA MONOGRAFIA FINAL. Para conclusão do curso é obrigatória a realização de monografia final individual, sustentada perante banca examinadora, com tema e orientador escolhidos pelo aluno. A instituição deve regulamentar os critérios e procedimentos exigíveis para o projeto, a orientação, a elaboração e a defesa da monografia final, podendo admitir a orientação e a participação na banca de profissional não docente."

conclusão de curso é, há muito, requisito indispensável para a graduação.

O mesmo requisito, a monografia, é exigível dos cursos de pós-graduação *lato sensu* (especialização). A diferença é que aqui não se exige a defesa do trabalho perante banca. Tais cursos de especialização, geralmente voltados para a capacitação profissional, têm duração média de um ano (e carga horária mínima de 360 horas-aula).[5]

Os cursos de mestrado são (ou deveriam ser) voltados para a capacitação didática de futuros professores das faculdades de Direito. O curso deve conter no mínimo 450 horas-aula, em média dois anos de estudos, que se conclui com uma defesa de dissertação, perante uma banca com três doutores. Para ter validade nacional, o programa depende da aprovação do Conselho Nacional de Educação (CNE), fundamentada no relatório de avaliação da Comissão de Acompanhamento de Pessoal do Ensino Superior (CAPES), órgão do MEC, que também os avalia (numa escala de 2 a 7).[6] Os cursos e programas devem propor áreas de concentração, para as quais os temas de suas pesquisas se voltam.

Por fim, os cursos de doutorado, destinados fundamentalmente a capacitar para a pesquisa científica, e que abrangem 900 horas de curso ou pesquisa, *i.e.*, quatro anos de curso, são concluídos com a defesa de uma tese, perante uma banca composta por cinco doutores.

Outro trabalho acadêmico é produzido nos denominados concursos de livre docência, ainda existentes em algumas universidades paulistas, e que abrangem a combinação de provas

---

5 Conselho Nacional de Educação, Resolução n. 1, de 3 de abril de 2001, com as alterações introduzidas pela Resolução CNE/CES nº 1, de 8 de junho de 2007, art. 10.

6 A lista dos cursos de mestrado e doutorado autorizados no Brasil, e suas respectivas avaliações, podem ser obtidas em: <www.capes.gov.br>.

e apresentação de trabalho original sobre disciplina pré-selecionada. Ainda, existe o denominado pós-doutorado, que na realidade não constitui título acadêmico, e que se refere a um estágio docente, geralmente numa universidade estrangeira, onde o pesquisador deve desenvolver um trabalho também original.

Para terminar os esclarecimentos sobre a terminologia dos trabalhos acadêmicos, há que se observar que não há perfeita equivalência entre os graus e títulos obtidos no Brasil e no estrangeiro. Isso vem gerando problemas e desentendimentos para a revalidação desses títulos no país.[7] Assim, se nos países latinos podem-se descobrir algumas semelhanças, a terminologia é totalmente diversa nos países anglo-saxões: ali, o *Master of Laws* (LLM) é o curso de pós-graduação na área de Direito, enquanto o *Doctor of Juridical Science* (S.J.D.) equivaleria ao nosso doutorado em Direito. O *Philosophy Doctor* (PhD) é o doutorado na área de humanidades, enquanto o *Master of Sciences* (MSc) se refere à pós-graduação em ciências. Por fim, o *Master of Business Administration* (MBA) é a pós-graduação em Administração (e equivale no Brasil a curso de especialização).

2. A MONOGRAFIA E O ENSINO JURÍDICO

Colocadas as distinções terminológicas fundamentais, devem-se registrar algumas palavras sobre a exigência da monografia nos cursos de graduação. A implementação, e sobretudo o cumprimento, dessa exigência não constituiu um processo fácil: vários cursos de Direito manifestaram a inexistência de infraestrutura para implementá-la; os discentes do novo currículo se rebelaram contra a exigência, e acabaram por conseguir

[7] Conselho Nacional de Educação, **Resolução nº 1**, de 28 de janeiro de 2002.

"regras de transição", com menores exigências quanto ao trabalho a ser apresentado; os docentes demonstraram antipatia pela exigência e pelo trabalho extra de orientação, pelo qual nem sempre foram remunerados condignamente. Essas reações não foram isoladas, e podem ser identificadas a partir de problemas comuns às faculdades de direito ou da pouca tradição em pesquisa nesse ramo de conhecimento.

Para compreender tais dificuldades podemos apontar duas características relevantes na história do ensino jurídico no Brasil. Como premissa, aceita-se a assertiva genérica de que a elaboração de um trabalho científico demanda uma postura crítica de seu autor, uma postura de revisão da literatura existente, de contribuição única e individual para a evolução de um determinado ramo do conhecimento humano.

A formação jurídica tradicional, no Brasil, não contribui para a capacitação do aluno, no sentido de torná-lo apto a atender a esses requisitos. O primeiro fator histórico que dificulta tal capacitação é o tecnicismo, reforçado pelas diretrizes curriculares do regime militar. Em outras palavras, o ensino jurídico no Brasil, ao longo do regime militar, foi sendo paulatinamente caracterizado pela dissociação das ciências humanas, e transformado num programa de estudos da legislação, na formação de técnicos para a aplicação de normas do regime, a quem não interessava estudiosos do direito que aplicassem fórmulas científicas para criticar a ordem vigente. Esse tecnicismo ainda persiste em parte considerável das faculdades no país, que deveriam, sob esse prisma, ser considerados "cursos de Legislação", e não "de Direito".[8]

---

[8] Esta limitação foi claramente percebida por um observador estrangeiro: "*Brazilian legal education has been overhelmingly formalistic. Almost exclusive emphasis has been placed upon classical exegesis of the formal legal text. Little effort has been devoted to examination of how particular rules*

As reformas curriculares, após a democratização do país, tentaram minorar esse tecnicismo, justamente por meio da exigência de maior densidade na formação de ciências humanas. A realidade, entretanto, impõe vários fatores impeditivos de uma maior valorização da formação interdisciplinar. Em primeiro lugar, as disciplinas correlatas são oferecidas no início do curso de Direito, quando os alunos, em sua maioria sem experiência de curso superior, desdenham esses estudos, em prol de disciplinas técnico-jurídicas. Em segundo lugar, essas disciplinas são oferecidas por professores alheios ao mundo jurídico, muitas vezes de outros departamentos da mesma universidade, professores que têm dificuldade em ligar as disciplinas pela qual são responsáveis (Economia, Sociologia, etc.), com os problemas específicos do Direito. Em consequência, perde-se excelente oportunidade de formação do aluno e preparação na utilização de métodos científicos ou interdisciplinares na análise de problemas jurídicos.

Uma terceira dificuldade, para superar o tecnicismo, refere-se à capacitação docente. A observação do conjunto de docentes das faculdades de Direito demonstra (sem que haja estatísticas definitivas) que esses docentes foram, em sua maioria, formados ao longo da década de 1970 e até meados da década de 1980. Ou seja, a maior parte dos docentes dos cursos do país foi influenciada pelo currículo jurídico mais tecnicista, característico do final do regime militar. Uma pequena parcela desses docentes empreendeu estudos de pós-graduação, que complementassem ou criticassem sua própria formação universitária. Destarte, apenas pouco provável processo coletivo de formação, ou mais provavelmente a substituição natural

---

function in practice. Legal study has been focused on understanding rules of law and has ignored the conduct of the persons affected by these rules." Rosenn, 1984, p. 23.

desses docentes, é que dará espaço nas faculdades para uma nova mentalidade de ensino.

Se o tecnicismo é uma herança do regime militar com fortes raízes nas faculdades de Direito, pode-se apontar uma segunda característica igualmente perniciosa para a consolidação de uma tradição de pesquisa científica no direito brasileiro. Trata-se do processo de mercantilização das faculdades privadas de Direito, que se multiplicaram ao longo dos últimos anos, ofertando um número crescente de vagas. A mercantilização do ensino jurídico implica – no que se refere à monografia – a impossibilidade de verificação de um conteúdo científico válido. Em outras palavras, o número excessivo de alunos impede o atendimento pelos professores orientadores, e ao mesmo tempo compromete a formação de bancas de avaliação, que muitas vezes devem ler dezenas de trabalhos por semestre. A consequência é que a monografia se torna um requisito meramente formal, sem que qualquer das partes envolvidas (alunos, professores, instituição) lhe conceda maior seriedade do que a de um incômodo requisito formal.

Há ainda uma dificuldade extra, específica do conhecimento jurídico: a ausência de uma tradição de pesquisa jurídica no Brasil. Essa ausência pode ser explicada a partir da própria evolução do ensino jurídico, caracterizada pela valorização do bacharelismo sem a contrapartida do reconhecimento acadêmico. Ou seja, no meio jurídico, a graduação em direito representava *status* social suficiente, garantia do tratamento de "doutor", sem necessidade nem reconhecimento de maiores conquistas acadêmicas. É sintomático, nesse sentido, que os bacharéis em Direito no Brasil, apesar de seu enorme número, apresentem uma porcentagem reduzida de pós-graduados, quando comparados com outros ramos do conhecimento.

Por isso, uma parcela considerável dos docentes sempre teve apenas o curso de graduação, inexistindo dedicação ou incentivo à pesquisa acadêmica. Esses docentes acabam por reproduzir o conhecimento acrítico e tecnicista, mencionado anteriormente. Embora o quadro venha se modificando, impulsionado por exigências do MEC, a mercantilização do ensino vem conseguindo impedir que a capacitação didática dos professores seja anterior à sua entrada em sala de aula.

Esse quadro cria uma realidade bizarra: na maioria dos cursos de Direito no país, os professores orientadores de monografia nunca elaboraram, eles mesmos, uma monografia. Em sua maioria, desconhecem postulados científicos e regras de avaliação do trabalho realizado. O resultado é que acabam repetindo modelos equivocados ("uma citação é plágio, várias citações é uma monografia") ou restringindo-se ao acabrunhamento da mediocridade.

Entretanto, a ausência de pesquisa jurídica no Brasil também pode ser explicada por outros fatores. Um deles é o fetiche do argumento de autoridade, que pode ser ligado à tradição tecnicista. Outra explicação se refere à tradição conceitual do bacharelismo, que valoriza o escolasticismo tomista (os fundamentalistas da natureza jurídica), e é incapaz de utilizar instrumental teórico das ciências humanas para produzir pesquisa jurídica aplicada.[9] Deve-se apontar ainda a deficiente formação metodológica dos alunos ao longo do curso, a ausência de disciplinas dedicadas à metodologia e à epistemologia jurídicas; tais disciplinas, quando existem, são reduzidas à traumatizante repetição das regras da ABNT, e pouco contribuem para a capacitação discente na utilização e crítica dos métodos científicos aplicados ao conhecimento jurídico.

---

[9] Cappelletti (1994, p. 135) identifica a origem desta tradição conceitualista do ensino jurídico, nos países do *Civil Law*, no método de ensino adotado a partir da criação da faculdade de direito na Universidade de Bolonha.

3. A FAVOR DA MONOGRAFIA

Com tantas dificuldades, por que insistir na exigência da monografia no final do curso de Direito? Por que não reconhecer a incapacidade da maioria dos cursos em garantir trabalhos que possam ser caracterizados com mínima dose de cientificidade?

Uma resposta simples e direta seria: porque a má qualidade ou falta de estrutura desses cursos não justifica rebaixar, ainda mais, o nível do ensino jurídico no Brasil. Porque a elaboração de um trabalho científico constitui uma experiência didática única, e – bem conduzido – pode significar uma contribuição original para o conhecimento jurídico. Porque o fim da monografia representaria um raciocínio equivocado: afinal, se a escola é ruim, deve-se melhorar a escola, e não reduzir os padrões mínimos de exigência.

Cada uma dessas assertivas deve ser discutida e aprofundada. Primeiro, quando se menciona "padrões mínimos de exigência", deve-se recordar que a elaboração de um trabalho científico é exigência corriqueira nos demais cursos de graduação no Brasil, e nos cursos de Direito no exterior. Mais ainda, na medida em que se torna possível o acesso direto de graduados aos cursos de doutorado, sem exigência de que hajam cursado anteriormente o mestrado, possibilita-se a existência de doutorandos em Direito que, se não houver a exigência da monografia, nunca terão realizado um trabalho científico na vida.

Outro argumento a favor da monografia se refere a seu valor didático, e à contribuição que pode representar para o Direito como ramo de conhecimento. Como técnica didática, a monografia representa uma experiência valiosa para o aluno, em termos de formação de uma consciência crítica, dedicação e honestidade acadêmicas, uso de técnicas de pesquisa.

Para a sociedade, o trabalho representa a revisão da literatura já produzida e a possibilidade de uma contribuição original para iluminar um determinado tema, e eventualmente até uma fórmula prescritiva para seu tratamento futuro. Alguns refutarão que um número muito pequeno de monografias poderá materializar essa possível contribuição, até em razão da inexperiência de seus autores. Ora, a ciência não evolui às carreiras, e sempre serão necessárias, em qualquer ramo do conhecimento científico, longas horas de reflexão e milhares de páginas escritas, antes que se alcance qualquer evolução científica digna desse nome.

Assim, acreditamos que a exigência da monografia para a graduação em Direito representa um fator relevante para a evolução da pesquisa nesse ramo de conhecimento. A exigência poderá ter reflexos positivos tanto na utilização de novos métodos de pesquisa, preparação acadêmica dos alunos e capacitação para estudos futuros. Embora constitua um lento processo, a exigência terá efeitos relevantes na futura geração de juristas. Ao mesmo tempo, as pesquisas resultantes poderão representar críticas fundadas e contribuições efetivas para a melhora do funcionamento da Justiça e do sistema jurídico.

A oposição à monografia decorre de problemas administrativos e transitórios, inerentes a qualquer processo de mudança. A minoração desses problemas pode ser alcançada com alocação de recursos humanos e materiais para a condução da pesquisa, ao mesmo tempo em que se faz necessária a urgente preparação do quadro de docentes.

De outro lado, é fato que as dificuldades enfrentadas pelos cursos de Direito nessa matéria parecem conduzir à regulamentação das monografias como atividade optativa de final de curso de graduação. Se assim for, haverá a vantagem de somente os alunos realmente interessados em sua evolução acadêmica é que se inscreverão para elaborar uma monografia. Para os demais, haverá a perda de uma excelente oportunidade de buscar essa evolução.

4. A ADMINISTRAÇÃO DA MONOGRAFIA: ALGUMAS SUGESTÕES

O Curso de Direito da UFSC implantou a exigência da monografia a partir do currículo de 1992 (as primeiras monografias foram defendidas em 1996). Ao longo desse período, algumas mudanças regimentais foram realizadas no sentido de adaptar à realidade a elaboração do trabalho. Um fator positivo nesse sentido foi a criação da Coordenadoria de Monografia, que regulamenta e administra os aspectos práticos relacionados aos demais envolvidos no processo (professores e alunos). A essa Coordenadoria deve ser assegurado um grau de autonomia compatível, de forma que possa adaptar-se rapidamente às condições de cada semestre.

Uma função relevante da Coordenadoria é de regulamentar e fiscalizar o papel do professor orientador. Uma premissa que deve ser difundida (embora muitas vezes resistida pelos professores mais tradicionais) refere-se à limitação do número de orientandos e do campo de pesquisa de cada orientador. E isso porque, de um lado, a multiplicidade de temas e a evolução rápida do conhecimento jurídico impedem a continuidade da existência do "clínico jurídico geral", com conhecimento superficial sobre todos os assuntos. Mais efetivo, e mais honesto, será limitar a orientação de cada professor a seu ramo específico de conhecimento, normalmente a disciplina que leciona. Ao mesmo tempo, será impraticável para qualquer professor acompanhar e ler atentamente os trabalhos que orienta, se esses forem em número excessivo. A Coordenadoria deve atentar para que o limite de orientandos por professor seja respeitado.[10]

No que se refere ainda à qualificação docente, a necessidade de reciclagem dos orientadores tem-se mostrado

---

[10] Na UFSC, este limite é de cinco orientandos por professor.

premente, em qualquer instituição que adote a exigência da monografia. Conforme se observou, uma parcela considerável dos professores de Direito não tem qualificação acadêmica para a orientação. E, mesmo entre aqueles que seguiram um curso de pós-graduação, encontram-se poucos com conhecimentos aprofundados de metodologia, ou com informação sobre as modernas técnicas de pesquisa.[11]

Uma sugestão para minorar esse problema, com alto grau de eficiência, é a realização de seminário (ou *workshop*) obrigatório para todos os professores do curso. Nesse encontro, que pode ser organizado com recursos humanos da própria instituição (com professores de Biblioteconomia, bibliotecários, coordenadores de monografia de outros cursos com maior experiência), devem-se discutir, sobretudo, as regras de apresentação e métodos de avaliação dos trabalhos de conclusão de curso.[12] Os encontros exercem a relevante função de uniformizar esses critérios entre os professores do curso, evitando disparidades gritantes na administração e avaliação dos trabalhos. Ao mesmo tempo, os professores poderão reproduzir para seus orientandos as técnicas mais modernas de pesquisa, transmitidas pelos especialistas da instituição.

Faz-se necessária também a promoção de evento similar com o corpo discente. Há que se reconhecer que a disciplina de Metodologia Científica, incluída normalmente nos primeiros períodos do curso de Direito, contribui pouco para a elaboração da monografia de final do curso. E isso deve-se não

---

[11] A alusão aqui não é apenas às normas de apresentação de trabalhos e novas regras da ABNT, mas também aos mecanismos de pesquisa por meio de bancos de dados e de recursos de informática.

[12] A sugestão é de que, neste encontro, os professores recebam o Regulamento de Monografia do Curso, com as especificações necessárias, e as regras da ABNT que lhe são aplicáveis. Sobre o assunto, veja-se Oliveira (1999).

apenas ao lapso temporal, de quatro anos, entre uma atividade e outra, mas também à imaturidade intelectual dos alunos nas primeiras fases e ao distanciamento entre as técnicas genéricas de pesquisa e alguns aspectos específicos da pesquisa jurídica. Embora a solução ideal para esse problema seja a inclusão de uma disciplina própria, isso nem sempre é possível, diante das pressões de carga horária para cumprimento do currículo mínimo. Assim, sugere-se a promoção de, pelo menos, um seminário obrigatório de metodologia jurídica também para os alunos que iniciam a elaboração da monografia.

Transposta essa primeira fase – de uniformização e esclarecimento *interna corporis* – o coordenador de monografia poderá empreender uma segunda etapa, que se refere à participação da comunidade jurídica local nas bancas de avaliação das monografias. O convite à participação de profissionais (advogados, juízes e demais operadores jurídicos) para a avaliação do trabalho serve: (i) para a socialização do conhecimento produzido; (ii) para influenciar o meio jurídico local, sobretudo quando o trabalho comporta uma análise prescritiva; (iii) para submeter à uma avaliação externa, com fortes componentes pragmáticos.

Essa estratégia, entretanto, comporta seus riscos, uma vez que o aluno não poderá ser prejudicado pelo eventual despreparo acadêmico de seus avaliadores. Nesse sentido, o cuidado deve ser no sentido de: (a) elaborar um cadastro de profissionais que tenham curso de pós-graduação; (b) convidar esses profissionais para atuar em bancas sobre temas de sua especialização; (c) informar os membros convidados quanto aos critérios a serem seguidos na avaliação do trabalho.

Ainda sobre a composição da banca, sugere-se também o aproveitamento de docentes de outros departamentos, em áreas correlatas. Esses docentes, normalmente ligados às ciências humanas, poderão realizar uma contribuição relevante na análise do trabalho.[13]

5. A CONSTRUÇÃO DE UMA TRADIÇÃO DE PESQUISA

Preenchidas as condições administrativas para acompanhamento da monografia, podem ser elaboradas ainda algumas sugestões, que se referem à tentativa de criar, na respectiva instituição, uma tradição de pesquisa jurídica.

Como premissa, aceita-se que essa tradição é uma construção árdua, dependente de longevo processo de tentativa e erro, como ocorre com qualquer outro ramo do conhecimento científico. Nessa óptica, não se justifica o desespero de alguns professores com a grande quantidade de material ruim, e praticamente inaproveitável, que muitas vezes é denominado de monografia jurídica.

Evidentemente, a instituição não pode recompensar nem avalizar esse material. Nesse sentido, uma sugestão se refere à elaboração de um modelo de ficha de avaliação, em forma de *check-list*, a ser previamente divulgada aos membros da banca e aos alunos do curso.[14] Embora essa ficha não elimine o caráter subjetivo, que é inerente à avaliação de qualquer texto, ela serve como indicativo dos critérios básicos que deverão ser preenchidos pelos autores.

Outra sugestão se refere à necessidade de divulgação dos trabalhos produzidos. Dessa forma, sugere-se que: (a) seja adotada

---

[13] Evidentemente, este aproveitamento será pouco factível em temas muito técnicos (p.ex., de Direito Processual). Será recomendável, entretanto, a participação de professores de Ciência Política, Sociologia, Serviço Social, Economia, e até de Medicina, na maioria das bancas de avaliação.

[14] Um modelo desta ficha (conforme utilizada na UFSC), encontra-se na última parte deste livro.

a obrigatoriedade de depósito pelo aluno, após a defesa, de vias encadernadas do trabalho, que deverão ficar disponíveis na biblioteca universitária; (b) seja divulgada entre os alunos uma listagem dos trabalhos já aprovados, com indicação de – pelo menos – autor, orientador e título; (c) seja criada uma base de dados que possa ser consultada pelo público externo – a inclusão no *site* da instituição é uma forma rápida e barata para essa base de dados.[15]

Essa sistemática de ampla divulgação apresenta uma série de vantagens. A primeira delas é revelar à sociedade o tipo de conhecimento que está sendo produzido na instituição. A segunda, demonstrar ao aluno que seu trabalho será conhecido além dos limites da banca de avaliação. Uma terceira, e pragmática, vantagem, é que a divulgação coíbe o plágio, uma vez que o aluno saberá que seu trabalho será posteriormente examinado pela comunidade acadêmica.

Ainda nesse sentido, importa valorizar os bons trabalhos apresentados. Isso pode ser feito com a publicação dos melhores trabalhos pela própria instituição, ou indicação para publicação externa, ou ainda, inclusão de versões condensadas na revista jurídica do curso. Essa valorização serve também como contribuição aos currículos dos autores, para divulgar bons modelos de trabalho, e como incentivo aos demais alunos.

---

[15] A listagem das monografias do CCJ/UFSC encontra-se em: <http://www.ccj.ufsc.br>.

CIÊNCIA E CONHECIMENTO

1. CARACTERÍSTICAS DO CONHECIMENTO CIENTÍFICO

Tudo o que foi dito anteriormente está voltado à elaboração de um trabalho científico que produza conhecimento científico. Este capítulo se destina justamente a discutir estes termos, diferenciando-os de outras formas de comunicação humana.

A distinção primeira, e óbvia, é entre conhecimento científico e ficção. Um conto e um romance podem ser muito mais prazerosos à leitura, mas não abrangem uma característica fundamental do conhecimento científico, que deve ser a base sobre a realidade.

Isso não quer dizer que a ficção não possa ser objeto de estudo científico, mesmo em Direito. Pode-se imaginar isso numa tese sobre **Os fundamentos do Direito Romano na obra de Plutarco**, numa monografia a respeito de **os princípios do Direito Medieval na ficção de J.R. Tolkien** ou na dissertação **O Direito de Família em Machado de Assis**.

Outra distinção sempre lembrada é entre conhecimento científico e religião. A base da ciência é a da verificabilidade de seus enunciados, o que não é possível quanto à religião, que se baseia em dogmas de fé.

Ao contrário da correlação possível entre ciência e ficção, a combinação entre ciência e religião tem poucas possibilidades de ser implementada. E isso porque a distinção aqui não é apenas no que se refere à visão da realidade, mas à própria validade da realidade, a partir de duas linguagens totalmente distintas: enquanto uma se baseia em enunciados extraídos de análise fática, a outra está construída sobre enunciados inquestionáveis e indemonstráveis. Em regra, as tentativas de mesclar o conhecimento científico e o religioso sempre trazem resultados insatisfatórios para ambos. Os exemplos não são poucos: a quase torrefação de Galileu Galilei, quando ousou afirmar que a Terra não era o centro do universo; a medição por Carbono 14 do Santo Sudário (que demonstrou que datava da Idade Média); a hipótese de que a Revelação de Fátima foi arquitetada pela ditadura de Salazar, em Portugal. Nesses e em vários outros casos, a análise científica dos fenômenos religiosos apenas produziu frustrações e intolerância.

Outra distinção, também importante, que deve ser realizada é entre conhecimento e informação. Essa distinção parece não ser percebida por alguns autores, alguns até respeitados, e que atulham suas obras de dados intermináveis e inúteis. Isso – esse conjunto de dados – é apenas informação. O conhecimento, por sua vez, pressupõe a organização dessa informação, buscando torná-la apta a produzir determinado resultado, de modo a dar-lhe serventia na formulação e demonstração de uma determinada hipótese.

O mundo contemporâneo tornou-se ágil em produzir informação. A tecnologia da informação revolucionou as relações humanas, e minimizou a relevância do espaço. Mas juntar dados infinitos pode ser o trabalho de um computador, não é necessário um curso superior e nem mesmo um ser humano para essa colheita de notícias. Aliás, um capítulo posterior deste livro se dedica justamente a facilitar o acesso à informação pelo pesquisador. Mas conhecimento supera a mera coleta de informação. No caso do conhecimento científico, pressupõe sua organização, sistematização, crítica e análise de validade.

E isso porque se pode falar também em outros tipos de conhecimento, como o conhecimento popular e o conhecimento técnico. Façamos essa distinção, que – embora seja criticada por muitos como sendo elitista – tem enorme relevância didática.

O conhecimento popular se caracteriza por: (a) falta de sistematização; (b) alheamento quanto às causas do fenômeno; (c) transmissão geralmente pela tradição oral, a partir da experiência subjetiva; (d) despreocupação em verificar a falibilidade do conhecimento. Assim, por exemplo, quando sua tia-avó lhe dá mamão para a prisão-de-ventre, a eficácia do ato relaciona-se ao conhecimento popular que ela carrega, e não a seus estudos sobre as propriedades terapêuticas da Carica papaya.

Quanto ao conhecimento técnico, esse pode ser caracterizado por (a) grau médio de sistematização; (b) preocupação imediata em resolver problemas (pragmatismo); (c) caráter acrítico; (d) geralmente relacionado com capacitação profissional. Assim, o contabilista que organiza o pagamento de seus tributos, buscando evitar que você empobreça diante da voracidade fiscal; ou o advogado que redige uma petição, para tentar convencer o juiz de que seu miserando cliente banqueiro não pode pagar pensão à ex-mulher; são exemplos de utilização de conhecimento técnico, que os capacita a organizar as informações obtidas.

E o conhecimento científico? Para distingui-lo do conhecimento popular e do técnico, pode-se dizer que o conhecimento científico traz como características: (a) sistematização de produção e de transmissão; (b) verificabilidade;

(c) validade contingente; (d) antidogmatismo; (e) racionalidade; e (f) faticidade.

Cada uma dessas características merece ser discutida. Em primeiro lugar, o conhecimento científico é **sistemático**. Ou seja, para ser produzido, deve basear-se num método aceito pela comunidade científica, e ser passível de transmissão e difusão através de meios regulares de registro. Assim, será conhecimento científico a tentativa de construção de um modelo teórico sobre o grau de reincidência criminal, a partir da análise dos processos da 1ª. Vara de Execuções Penais de São Paulo, expresso posteriormente num relatório de pesquisa. Mas não há nada de científico na previsão astrológica dos crimes em 2020, que será transmitido por telepatia aos juízes locais.

Em segundo lugar, o conhecimento científico deve ser **verificável**. Em outras palavras, o enunciado afirmado pelo cientista deve se confirmar, se aplicado a outra situação nas mesmas condições. Para que o enunciado "a água ferve a 100° ao nível do mar" seja cientificamente válido, a experiência deve se repetir em qualquer situação semelhante. O mesmo deve ocorrer em enunciados elaborados em temas de ciências sociais: o pesquisador deve indicar as condições para que o enunciado seja válido, apontando também as principais características e exceções. É o que se denomina de "condições normais de temperatura e pressão" em Química ou de ceteris paribus em Economia.

Ainda assim, diz-se ser **contingente** o conhecimento científico. A contingência aqui está justamente relacionada com a modificação das condições estruturais em que o enunciado foi validado, o que é profundamente relevante nas pesquisas em Ciências Sociais em geral. Um exemplo histórico ilustrará tal contingência do conhecimento científico: alguns séculos antes de Cristo, Ptolomeu, a partir da observação da sombra em diferentes cidades, calculou a distância da curvatura da Terra.

Naquelas condições históricas, e sem qualquer aparato técnico, o astrônomo asseverou que: a Terra era redonda, e tinha X mil quilômetros de curvatura. Esse enunciado foi válido por muito tempo, até que a evolução científica e dos transportes provou que a Terra é, na realidade, achatada nos polos, e por isso os cálculos de Ptolomeu eram excessivos.

Mas seu enunciado era falso? Não. Era falseável, ou seja, válido como enunciado científico num determinado momento histórico, contingente porque dependia da evolução científica e dos métodos de verificação à disposição do cientista.

Outros exemplos podem ser enumerados. O número de partículas que compõem o átomo, por exemplo. Por muito tempo, a crença era de que o átomo se compunha de prótons, elétrons e nêutrons. Sobre esse enunciado, houve enorme evolução técnica, inclusive com a construção de armas e energia atômicas. Mais recentemente, a evolução científica comprovou a existência de outras partículas, o que levou a afirmar a falseabilidade – e não a falsidade – do enunciado anterior.

A contingência do conhecimento científico também pode ser percebida nas Ciências Sociais e no Direito. Tome-se, por exemplo, a obra de Lombroso, o autor italiano que enunciava o caráter criminoso a partir de traços físicos. Posteriormente, demonstrou-se que os enunciados não eram verificáveis, diante do número de exceções às descrições de Lombroso. Mas seu trabalho foi importante, na História do Direito Penal, para a compreensão posterior dos distúrbios psicológicos para a inimputabilidade penal (se bem que, olhando alguns de nossos parlamentares, pode ser que Lombroso tivesse alguma razão).

A noção da contingência e da falseabilidade do conhecimento científico é uma evolução recente da Epistemologia. Anteriormente, o Iluminismo acreditava em leis imutáveis da natureza, cabendo ao cientista "descobrir" tais leis. Hoje, crê-se que a construção de enunciados científicos é uma tarefa interminável, que se sustenta sobre a validade temporal da aceitabilidade pela comunidade científica. Daí o fato de alguns inclusive discordarem da "evolução" na ciência, pois existiria somente a "validação de novos enunciados que podem ser futuramente falseados".

Sem ingressar em polêmicas epistemológicas, falemos de outra característica do conhecimento científico, o **antidogmatismo**. Ou seja, o enunciado científico deve ser sempre questionado, uma vez que ele pode ser genericamente falseável (v.g., a teoria lombrosiana) ou ser falseável em situações particulares (v.g., a velocidade da luz é alterável no vácuo).

Além de antidogmático, o conhecimento científico deve ser **racional**, no sentido de haver coerência entre os pressupostos admitidos pelo pesquisador e os enunciados que ele construir. Ou seja, o trabalho deve levar racionalmente à conclusão apresentada. Caso contrário, faltar-lhe-á esse requisito de racionalidade, merecendo o carimbo de inepto, pois "da narração dos fatos não decorre logicamente a conclusão."[16]

Por fim, o conhecimento científico deve ter uma **base fática**. Isso não quer dizer que ele deva ser sempre empírico, nem que deva se basear sobre estudos de caso. Deve ser fático no sentido de ser demonstrável a partir de métodos aceitáveis pela comunidade científica. Isto é, mesmo que se trate de um trabalho teórico a respeito de **O Conceito de Sociedade Civil na Obra de Kant**, o método aceitável será o exame da bibliografia e outras fontes sobre o assunto, que serão indicadas segundo regras pré-estabelecidas, e que poderão ser confirmadas por outro pesquisador, mas não será fática a recordação de uma conversa amiga com Kant, numa regressão a vidas passadas.

De tudo o que se disse, há ainda que se observar que ninguém é cientista por todas as horas do dia. Imagine o quotidiano de Luís Borborema, um imaginário quintanista de Direito:

---

[16] *Código de Processo Civil*, art. 295, parágrafo único, II.

ele desperta pela manhã, e vai à missa das sete; de lá ao estágio, onde redige algumas petições; à tarde, tem suas aulas; ao entardecer, pesquisa para sua monografia e, num intervalo do café, observa um voo de andorinhas, e se recorda do avô, que sempre dizia que isso prenunciava temporal. Parou às dez da noite, porque estava cansado e também para assistir na televisão a mais uma tragicomédia com a Seleção Brasileira de futebol. Nesse quotidiano, Luís vivenciou tanto a experiência religiosa (a missa), exerceu seu conhecimento técnico (petições), recordou conhecimento popular (prenúncio do temporal), e se dedicou ao trabalho científico (a pesquisa da monografia). Nessa última, devem-se relevar as características de cientificidade; na redação de petição, o que se espera é competência técnica; no mais, não se exige dele que seja nem teólogo, nem meteorologista. E que tipo de conhecimento é utilizado ao assistir à Seleção Brasileira? Aqui há divergência entre aqueles que asseveram ser uma atividade técnica – pois todo brasileiro seria um estrategista nato – ou uma atividade religiosa – pois continuar acreditando em nossa Seleção parece cada vez mais uma questão de fé.

2. A POSTURA DO PESQUISADOR

Do que se disse anteriormente sobre conhecimento científico, pode-se estabelecer, de forma correlata, a postura que se espera do pesquisador. Ou seja, as regras de comportamento que devem guiar aquele que se dedica a uma pesquisa científica.

A primeira dessas características será a **organização e disciplina**. Não se produz ciência com lampejos de genialidade. Relatos como os da maçã de Newton têm muito de lendário, e de qualquer forma representam apenas a culminância de longo período de reflexão. Daí dizer-se que a ciência, ao contrário da arte, baseia-se em 1% de inspiração e 99% de transpiração.

Daí a necessidade de preparação, planejamento, horários, rotina, dedicação – ao invés de esperar que a musa apareça. Convença-se de que a musa é também um personagem lendário, e que ela não substituirá a disciplina.

Da mesma forma, a organização do trabalho realizado, de arquivos e documentos. Afinal, o trabalho científico deve transmitir o conhecimento produzido, de forma sistemática. Ainda existe uma imagem romântica do pesquisador em Ciências Sociais, imaginado num quarto enfumaçado de cigarro, com papéis pelo chão e colados à parede, acostado num sofá com cara de aborrecido, refletindo sobre as genialidades revolucionárias que escreverá (talvez Sartre tenha perpetuado essa imagem). Pois bem, prepare-se para as más notícias: cigarro provoca câncer, sofá dá problemas na coluna, carranquice traz rugas, e ciência não se faz sem organização.

A segunda postura que se espera do pesquisador é o **interesse pela prova**, a demonstração de como se produziu aquele conhecimento e de como ele pode ser verificável. Essa postura se relaciona inclusive ao caráter de faticidade da ciência. Espera-se, portanto, o senso de realidade, o fundamento de cada argumento apresentado no trabalho. Essa postura é bastante ausente em algumas pesquisas jurídicas, na qual prevalece o "achismo", a opinião sem fundamento nem explicação daquele autor, que muitas vezes se acredita inspirado por iluminação divina. Da mesma forma, o pesquisador deve ser avesso a todos os dogmas: em ciência, todo enunciado é perquirível, toda tradição deve ser arrostada, todo conhecimento é questionável. E como isso nos falta na área de Direito!

O caráter formalista do meio jurídico, o apego a tradições ritualísticas, o conservadorismo intelectual, são características que criam dogmas, e que permitem a perpetuação de assertivas inquestionadas sobre a natureza do conhecimento na matéria.

Observe como este caráter formalista se manifesta no texto dos juristas, na remissão às vezes inútil a tribunos mortos em realidade social distinta, na própria menção à "doutrina" (uma palavra de sentido quase religioso) enquanto outras áreas de conhecimento se referem à "literatura sobre o tema".

Tais características acabam por vituperar outra postura que se espera do pesquisador, o **espírito crítico**. Com efeito, se o conhecimento anterior não pudesse ser questionado, ainda estaríamos acreditando viver num planeta quadrado no centro do universo, ou julgando os animais pelos crimes que cometessem. O espírito crítico se manifesta na autonomia intelectual, na persistente busca de novas ideias e abordagens sobre o tema, na aversão à subserviência intelectual. Como se disse acima, na capacidade de questionar os dogmas.

Mas ao lado dessa postura, devem-se indicar outras, diretamente relacionadas com a própria ética do pesquisador. A primeira delas é a **honestidade intelectual**, manifestada, sobretudo, pelo reconhecimento dos próprios limites e pelo reconhecimento do trabalho alheio. Essa postura é necessária ao longo de todo o trabalho, e revela-se no quotidiano da pesquisa: na relação com colegas, nas referências às ideias alheias, na limitação exequível do objeto pesquisado, na utilização de fontes que tenham sido efetivamente consultadas, no tratamento adequado dos dados obtidos. Quem desdenha essas regras é desonesto com a comunidade científica e consigo mesmo, submete-se ao risco do descrédito e perde a oportunidade de auto-aperfeiçoar-se.

À honestidade deve acompanhar também a **humildade intelectual**. O cientista deve, antes de tudo, reconhecer que a contribuição que pode dar àquela área de conhecimento é minúscula, embora relevante, e que valerá num determinado contexto histórico, justamente em razão de sua contingência. No futuro, provavelmente se demonstrará que o enunciado era falseável, mas o nome do pesquisador continuará a ser respeitado como alguém que contribuiu efetivamente para aquela evolução. Parafraseando Chaplin, "cientistas, não sóis deuses; homens é que sóis". Daí a necessária humildade, a característica essencial de saber reconhecer erros, saber mudar de ideia, saber considerar outros argumentos para rever o enunciado. Daí também serem tão perniciosos à ciência aqueles que se apegam à imutabilidade dos enunciados que criaram.

Contudo – a ressalva é importante – humildade não significa autocomiseração. Ao contrário, o cientista deve ter **orgulho** de seu trabalho, deve defendê-lo, sem arrogância, mas consciente da honestidade de sua pesquisa. Nada há pior que aquelas criaturas auto piedosas que iniciam sua monografia dizendo que "esta é uma pequena contribuição, coitadinho de mim, não tenho muita condição intelectual para esgotar o tema." Ora, então não deveria sequer ter apresentado a monografia. Ao ver coisas assim, o ímpeto de todo avaliador é interromper a leitura, reprovar seu autor logo na introdução, e mandá-lo ao início da faculdade, a ver se aprende ao menos a ter orgulho do trabalho que fizer.

Por fim, espera-se do pesquisador uma constante postura **ética** em relação aos procedimentos e resultados alcançados. Aqui não nos referimos apenas à honestidade intelectual, mas também ao compromisso com a comunidade científica e com a sociedade. Exemplos disso estão no impedimento em divulgar dados obtidos confidencialmente, ou de nomes de partes em processos sob segredo de justiça. Um exemplo em sentido contrário já ocorreu na UFSC: uma aluna elaborou excelente trabalho, demonstrando que a norma ambiental específica era elidida por uma grande empresa, de cuja diretoria era membro um dirigente público. Após a defesa, a aluna corretamente encaminhou o trabalho ao Ministério Público.

3. A CONSTRUÇÃO DE UMA TEORIA

O trabalho científico culmina com a elaboração de um enunciado, ou seja, uma afirmação, metodologicamente demonstrada, que se aplica a determinado objeto de análise. O enunciado baseia-se numa teoria e leva à construção de outra teoria, entendida aqui com o significado de afirmação explicativa de um dado fenômeno.

Obviamente, o fenômeno pode ser compreendido de formas distintas, e daí a existência de várias teorias. Assim, existem teorias econômicas distintas para explicar as causas da inflação; existem diversas teorias psicológicas que buscam explicar a aversão humana ao conflito; existem teorias criminológicas sobre o efeito do aumento de pena no índice de criminalidade.

Talvez essas teorias sejam todas válidas (no sentindo de demonstráveis), mas dentro de condições estruturais ou sociais distintas. A tarefa do pesquisador será a de construir um modelo teórico, buscando incluir os elementos fundamentais que lhe garantam validade, ou de testar a validade de um modelo teórico previamente construído, buscando demonstrar suas exceções ou omissões.

Quando se fala em modelo teórico, alguns juristas começam a ter faniquitos: "não lhes apetece a teoria, são seres práticos, mais preocupados com o Direito do foro". Para esses iludidos, algumas palavras gentis são reservadas. Em primeiro lugar, já foi apresentada, neste livro, uma distinção entre o trabalho técnico, relacionado à prática judiciária, e o trabalho científico, mais preocupado com a compreensão, construção e transmissão do conhecimento. Em segundo lugar, o pesquisador que se diz eminentemente prático ignora o fato de que toda pragmática contém inexoravelmente uma teoria, que lhe serve de fundamento e explicação. Por isso,

> quando dizemos menosprezar a teoria em favor da prática, o que em realidade fazemos é rechaçar as teorias explícitas, que podem ser analisadas e debatidas, e preferindo as teorias implícitas, que não nos obrigam a manter um pensamento coerente, nem nos sujeitam às críticas de terceiros.[17]

O que se pode fazer é uma classificação entre a ciência básica e ciência aplicada. No primeiro caso, estaria a construção de modelos teóricos em abstrato, sem a preocupação de que possam ter uma utilização imediata, embora sirvam a compreender a totalidade do fenômeno. É o caso da Física Quântica ou da Matemática Pura. Na segunda classificação, estariam as pesquisas científicas direcionadas ao exame imediato da validade do modelo teórico em situações particulares, como é o caso das pesquisas em Biologia terapêutica ou de Engenharia.

Essa classificação, muitas vezes criticada, é mais visível nas áreas de Ciências Exatas. E isso porque as Ciências Sociais abrangem determinadas particularidades, que tornam mais complexo o procedimento da pesquisa, e que devem ser reconhecidas pelo cientista social.

A primeira dessas particularidades é que, ao contrário do biólogo que examina uma ameba ou do astrônomo que observa Andrômeda, o cientista social faz parte do objeto pesquisado. A pesquisa, por isso, reflete, às vezes inconscientemente, muito de seus valores, de seus interesses.

Uma segunda particularidade é a dificuldade em classificar a pesquisa social em básica ou aplicada. Por vezes, trabalhos predominantemente teóricos ganham repercussão inesperada, extravasam o campo de sua aplicação e influenciam a criação de novos enunciados. Cita-se, como exemplo, a

[17] Guibourg, 1995, p. 2.

teoria evolucionista de Darwin. Sua pesquisa se concentrou na evolução biológica das espécies, a partir do que elaborou seus enunciados. Entretanto, tais ideias influenciaram muitos economistas do século XIX, e parcela considerável das obras do liberalismo econômico partia de enunciados darwinistas, malgrado a impertinência contextual.

Mais ainda, o impacto das ideias e enunciados científicos pode inclusive escapar ao intento de seu autor, e trazer resultados indesejados. Ocorreu com Einstein, um pacifista, quando seus modelos de física foram utilizados na construção da bomba atômica; com Gobineau, cujos estudos anatômicos serviram às ideologias racistas; com Kelsen, cuja **Teoria Pura do Direito** foi apropriada como justificação teórica para o totalitarismo.

Tais fatores devem ser considerados pelo pesquisador, ao refletir sobre o conhecimento científico que pretende criar. Observa-se, contudo, que não há pesquisa vã. O tempo despendido em pesquisar, por mais abstrato que seja o tema, serve no mínimo para aprimorar a capacidade intelectual do pesquisador. Na melhor das hipóteses, servirá também para contribuir para aquela área de conhecimento, e quiçá modificá-la. Assim, uma teoria é útil "quando ajuda a compreender corretamente o passado e o presente, a reduzir as incertezas do futuro ou a escolher caminhos que não são fundamentalmente contraditados pelos fatos."[18]

Nota-se, porém, que, mesmo em ciências sociais, uma teoria não deve obrigatoriamente ter uma utilidade imediata. Uma tese sobre **A posse no Direito Romano** dificilmente influenciará as decisões do Senado Federal, mas esse trabalho pode ter enorme relevância para a compreensão do passado e para a formação intelectual de seu autor.

Reconhece-se também a existência de trabalhos inovadores, que se poderiam denominar de metacientíficos, e que

[18] Odell, 2000, p. 9.

questionam as próprias bases epistemológicas da ciência contemporânea: é o que ocorre, por exemplo, com trabalhos sobre holismo ou sobre psicanálise. Sem questionar a seriedade desses trabalhos, pode-se, entretanto, notar que eles abrangem dois graus de dificuldade. Em primeiro lugar, sua metodologia é tão inovadora que inexistem critérios aceitos pela comunidade científica para avalizar sua validade (afinal, eles questionam justamente a possibilidade de existência desses critérios). Uma segunda dificuldade é que esses trabalhos não são compreendidos, ou são compreendidos por uma paróquia de iniciados, e por isso seu impacto na comunidade científica é bastante pífio.

Ainda sobre o tema da utilidade da teoria, podem-se fazer algumas observações específicas sobre as publicações na área de Direito, o que ilustraria o que foi dito anteriormente. Destarte, um quadro didático, abrangendo três níveis de conhecimento jurídico, seria o seguinte:

CONCEITO	DEFINIÇÃO	EXEMPLO
conhecimento técnico	destinado a informar; sistematizado, mas acrítico; sem profundidade teórica	manuais, coletâneas de jurisprudência, comentários de lei, conjuntos de modelos
conhecimento científico	busca construir ou validar um enunciado a partir de metodologia científica	monografias (lato sensu), teses, relatórios de pesquisa
conhecimento metacientífico	questionam a validade dos enunciados científicos atualmente aceitos	teses, trabalhos interdisciplinares

Quadro I – Níveis de conhecimento jurídico

A classificação do quadro, bastante singela, pretende demonstrar o seguinte: (a) parcela considerável das publicações jurídicas no Brasil têm caráter técnico, destinam-se a informar e a facilitar o quotidiano; (b) não se faz aqui uma crítica aos trabalhos técnicos, eles têm sua utilidade e seu objetivo, mas não se pode imaginar que sejam trabalhos científicos; (c) tampouco se critica os trabalhos metacientíficos, que detêm relevância como forma de inovação de conceitos; entretanto, sua compreensão e seu impacto na comunidade científica são bastante reduzidos.

A ESCOLHA DO TEMA

1. O TEMA JURÍDICO

Uma vez discutidos os princípios basilares da pesquisa científica, ingressamos numa questão mais pragmática: a da escolha de um tema para a pesquisa. Este capítulo aborda os principais critérios no momento de escolher o tema, considerando as exigências acadêmicas, a situação de seu autor e as dificuldades práticas que podem ocorrer.

Antes, entretanto, deve-se dedicar algumas linhas aos elementos caracterizadores de um trabalho jurídico. Por redundante que seja a frase, do graduando ou pós-graduando em Direito, o que se espera é um trabalho jurídico. A obviedade nos leva a perguntar, contudo, o que caracterizaria um trabalho como sendo "jurídico".

Desse ângulo, a frase não parece tão óbvia. E por uma razão simples: a enorme dificuldade em se conceituar o que seja o Direito. A resposta (novamente) óbvia será que "o Direito é um conjunto de normas". Essa definição não é apenas um lugar-comum, mas também, equivocada. A redução do fenômeno jurídico à norma faz parte do senso comum teórico dos juristas, ou seja, "as condições implícitas de produção, circulação e consumo das verdades nas diferentes práticas de enunciação e escritura do Direito."[19]

Esse reducionismo faz também com que a maioria das pesquisas na área de Direito se concentrem em sua definição normativa. Em outras palavras, os debates se concentram na relação entre as normas, em questões de inconstitucionalidade, validade formal, etc. Não que essas pesquisas sejam inúteis, elas são sim trabalhos científicos. Mas o pesquisador deve reconhecer que seu trabalho estará centrado na definição normativa do Direito, e que a metodologia utilizada será a pesquisa bibliográfica. Kelsen, muitas vezes citado e poucas vezes compreendido, é um exemplo do reconhecimento expresso da restrição à análise normativa do Direito.[20]

O que se pretende dizer aqui é que um trabalho científico na área de Direito pode ser fundamentado em outro conceito do fenômeno jurídico, além da manifestação normativa. Afinal, Direito não é um conceito unívoco, e sim análogo.

Para ilustrar tais ideias, vale recordar a lição, simples mas didática, de Franco Montoro, a propósito do conceito de Direito.[21] Etimologicamente, o conceito de Direito vem tanto do que é correto (*rectum*) como do que é justo (*jus*). Isso pode levar à utilização de um termo que concomitantemente significa: (a) norma; (b) justiça; (c) fato social; (d) direito subjetivo; (e) disciplina de estudo. O conceito vinculado à justiça induz a análise à Filosofia do Direito; o Direito como fato social será estudado pela História do Direito, pela Sociologia do Direito, pela Análise Econômica do Direito; como direito subjetivo, será o anverso da norma garantidora de privilégios individuais,

---

19 Warat, 1994, p. 13.

20 Kelsen, 1985, p. 30.

21 Montoro, 1993, p. 33-41.

e estudado a partir da verificação pragmática da eficácia normativa; como disciplina, o Direito será estudado pela Metodologia Jurídica e pela Metodologia do Ensino.

E daí? Bem, o enfoque ao qual se dirija o tema determinará também a metodologia aplicável à pesquisa. Conforme se asseverou, a maior parcela da pesquisa jurídica é dedicada à análise normativa, baseada quase que exclusivamente em pesquisa bibliográfica. Isso não será possível se o conceito central adotado não for normativo. Assim, uma pesquisa do Direito como fato social pode implicar em pesquisa de campo, em uso de questionários e estatísticas. Um trabalho sobre o ensino do Direito – *v.g.*, **A capacidade cognitiva do estudante de Direito a partir do uso de casos em Direito Penal – ou sobre criminologia – como A validade do exame de balística para qualificação do crime de homicídio** – pode depender de pesquisa de laboratório.

Apesar da ampla admissibilidade de estudos interdisciplinares como fator positivo para a evolução do conhecimento da área, deve-se advertir que o tema escolhido deve envolver um fenômeno jurídico. Não se quer dizer com isso que um trabalho de Filosofia ou de Psicologia realizados por um jurista não possam ser excelentes, mas, sim, que existe uma exigência formal de que o tema seja direcionado a um problema jurídico.

E dentro de um problema jurídico, deve-se identificar de que "direito" estamos falando. Contra um argumento de inconstitucionalidade não se pode apresentar um argumento de justiça ou de fato social. Essa linha de raciocínio leva, conforme se verá adiante, a uma falácia da argumentação.

2. CRITÉRIOS PARA O TEMA

E que critérios devem ser considerados para a escolha do tema? O primeiro deles é que o tema deve ser tão **específico** quanto possível. O autor do tema deve ser, nas palavras de Umberto Eco, "a maior autoridade viva sobre o assunto."[22]

Esse é um ponto sobre o qual os autores de metodologia sempre insistem, e que se adota aqui como critério primeiro a ser observado pelo pesquisador. Essa insistência tem sua razão. Um tema mal delimitado eliminará qualquer possibilidade de contribuição inovadora à área de conhecimento. Com um tema muito amplo, o pesquisador fará, no máximo, a revisão bibliográfica do tema, ou seja, um "fichamentão": uma listagem aborrecida de "fulano disse, beltrano falou" que não trará novidade à matéria, nem desenvolverá qualquer habilidade intelectual do pesquisador (além da capacidade de utilizar as teclas copiar-colar do processador de texto).

Outras razões práticas aconselham também à maior delimitação do tema. Um tema amplo possibilita maiores omissões, seja quanto à revisão bibliográfica, seja sobre os problemas relacionados ao fenômeno que não foram analisados. Um tema específico dará mais segurança ao pesquisador, que conhecerá todas as facetas do problema. E – sejamos sinceros e pragmáticos – um tema bem delimitado, que possa ser esgotado pelo pesquisador, será muito mais facilmente defensável perante uma banca examinadora. A banca ideal é aquela que sabe menos do tema do que o avaliando.

Além de específico, o tema escolhido também deve ser **acessível**. Em outras palavras, as fontes devem ser manejáveis pelo pesquisador. Pode ser que as fontes não estejam disponíveis, por uma determinada situação administrativa. Alguém que se disponha, por exemplo, a realizar uma pesquisa sobre **As negociações fronteiriças realizadas pelo Brasil no século XIX** certamente escolheu um tema não acessível, pois tal documentação é confidencial ainda hoje. Em situação igualmente difícil

---

[22] Eco, 1995, p. 34.

estará quem pretender realizar uma pesquisa sobre processo em segredo de justiça.

Ao mesmo tempo, o tema deverá ser acessível à condição particular do pesquisador. Imagine que nosso colega Luís Borborema resolva fazer uma pesquisa original, sobre **O Direito de Família entre os ianomâmis**. Um tema sobre o qual não há literatura disponível, e para o qual se exige evidentemente trabalho de campo. Terá, nosso gabola pesquisador, disponibilidade para permanecer seis meses numa reserva indígena? Conhece ele os princípios para pesquisa antropológica? Fala ianomâmi? Diante da negativa a essas condições, o tema é obviamente inacessível.

A questão de conhecimento do **idioma estrangeiro**, em alguns casos, é essencial para permitir a escolha do tema. Há algum tempo, um aluno encasquetou em realizar um trabalho sobre o novo código civil húngaro. Seu projeto era no mínimo original: demonstrar que a parte de contratos no direito húngaro enfrentou diversos problemas decorrentes da transição para o capitalismo. Ao final, o projeto indicava como tais premissas poderiam se repetir no novo código civil brasileiro. A ideia era sem dúvida interessante. O problema era que o aluno não falava nada de húngaro (um idioma impenetrável) e somente tinha um artigo em inglês sobre o assunto. Ora, o tema não lhe seria acessível, pois não teria acesso às fontes primárias e mais importantes sobre o problema.

Isso não quer dizer que sempre se deve saber idiomas estrangeiros para realizar uma pesquisa séria, e sim que esse conhecimento dependerá do tema escolhido. Como regras, pode-se dizer que: (a) não se pode fazer uma pesquisa sobre tema cujas fontes primárias estejam em idioma estrangeiro (*v.g.*, normas estrangeiras e tratados internacionais, num trabalho de Direito Comparado); (b) se a pesquisa for sobre a obra de um autor estrangeiro, deve-se ler no original; (c) algumas disciplinas dependem mais da literatura estrangeira na revisão bibliográfica (*v.g.*, Direito Internacional e Filosofia do Direito).

E a recomendação é: se o pesquisador já tem conhecimento instrumental daquele idioma, a pesquisa poderá ser uma excelente oportunidade para aprimorá-lo e aprender termos técnico-jurídicos. Se não conhece o idioma, melhor mudar de tema; ninguém aprende uma língua estrangeira no curso de uma pesquisa.

Relacionado à questão das fontes acessíveis, está a necessidade de que o tema seja **exequível no prazo estipulado**. Um erro comum a pesquisadores iniciantes é imaginar que fará um trabalho revolucionário para a ciência jurídica, e que – com sua genialidade – isso pode ser feito em quinze dias. Tal pretensão também é uma lenda. Uma monografia passável depende de pelo menos oito meses de reflexão, enquanto uma tese demanda no mínimo dois anos. Esse é o prazo mínimo que se deve reservar para o trabalho, que exige tempo para coligir fontes, ler a bibliografia, refletir, escrever, revisar, corrigir. Os prazos mencionados são indicativos, e dependem evidentemente da disciplina do pesquisador. O autor deste livro já viu casos de excelentes monografias redigidas em dois meses, sobre material previamente pesquisado, como também (pelo menos um caso) de tese de doutorado que levou oito anos, e foi reprovada na banca examinadora.

Nesse sentido, o aluno deve averiguar o prazo estipulado por sua instituição. Em regra, esses prazos são de quatro anos para o doutorado (incluindo créditos de aulas obrigatórias), dois para o mestrado (incluindo créditos), e seis meses para a especialização e para a graduação. Sobretudo nesses últimos casos, será um prazo terrivelmente curto, se o aluno não tiver previamente escolhido seu tema e iniciado a pesquisa do material. E aqui também a necessidade de um tema delimitado, que possa ser esgotado no prazo disponível.

Para evitar o atropelo, algumas recomendações podem ser feitas ao aluno: (a) na medida do possível, aproveite as férias escolares anteriores ao período da redação, para elaborar o projeto e pesquisar fontes; (b) se a instituição permitir, não deixe a elaboração da monografia para o último semestre, quando sua atenção estará dividida por outras questões relevantíssimas como encontrar emprego, passar na prova da OAB, estudar para as provas finais e escolher a roupa de formatura; (c) principalmente, não ceda à tentação de mudar de tema ao longo da pesquisa. Lembre-se: ao longo de uma pesquisa, o bem mais precioso é o tempo.

Por outro lado, a escolha do tema também deve considerar **exigências institucionais**. Em outras palavras, o curso frequentado pelo pesquisador pode ter suas linhas de pesquisa, dentro das quais devem se encaixar os trabalhos ali realizados. Esse direcionamento temático é comum na pós-graduação ou quando a pesquisa se realiza dentro de um instituto. Por isso, o aluno deve certificar-se de escolher curso voltado para suas preocupações ou de que o tema escolhido será admitido dentro das linhas de pesquisa da instituição.

Em resumo, os critérios mais importantes relacionados ao tema são: (a) especificidade; (b) fontes acessíveis; (c) exequibilidade no prazo disponível; (d) atendimento às exigências institucionais.

Mas existem também outros critérios que podem ser mencionados, embora não revestidos de tanta importância. Em primeiro lugar, o tema deve ser necessariamente **atual e controverso**? Bem, necessário não é, embora o procedimento e as consequências sejam distintos. Um tema histórico pode inclusive ter enorme relevância para esclarecer um problema corrente.

Aliás, diga-se de passagem, a História do Direito é a grande disciplina negligenciada nas faculdades brasileiras,[23] e sobre a qual existem enormes possibilidades de pesquisa. O conhe-

[23] Exceções à assertiva, dignas de nota, são os trabalhos de Wolkmer (1997) e de Tucci e Azevedo (1996).

cimento das experiências passadas contribui para entender a atualidade e também para evitar a repetição de tantos erros, como ocorre na prática legislativa brasileira.

Entretanto, há algumas dificuldades num tema histórico. O primeiro deles é o acesso a fontes. O Brasil trata pouco filialmente seu passado, e os arquivos com as fontes necessárias são muitas vezes inacessíveis ou desorganizados. O outro problema é a divulgação posterior do trabalho, por ser muito mais fácil publicar uma pesquisa sobre um tema atual e premente. O pesquisador, desta forma, deve considerar tais dificuldades, ao escolher um tema histórico.

Contudo, a opção inversa – a escolha de um tema do momento – também traz seus riscos e dificuldades. Imagine um trabalho crítico a um determinado projeto de lei. O trabalho é atual, o tema é controverso, existe enorme interesse coletivo sobre seus resultados, mas infelizmente, um mês antes da conclusão da monografia, o projeto de lei inicial é totalmente modificado e aprovado. A pesquisa realizada perdeu sua cientificidade? Obviamente que não, mas ela se transformou num trabalho histórico, e as pretensões de seu autor – de publicá-la e influenciar o processo legislativo – soçobraram.

Algumas recomendações podem ser feitas também para se identificar temas atuais: conversas com o orientador e outros pesquisadores, participação em congressos na área de interesse, assistência a defesas de outros trabalhos, descobrir temas de interesse regional, leitura de periódicos atualizados. Cada uma dessas experiências pode ser aproveitada pelo pesquisador para informar-se sobre o estado do tema a que pretende se dedicar.

3. CRITÉRIOS PARA O AUTOR

Nos parágrafos anteriores, foram mencionados alguns critérios a serem considerados no que se refere ao tema em si, no sentido de condição de acessibilidade da questão proposta. Mas além desses, alguns critérios devem ser recordados no que se refere à condição do pesquisador, e que serão igualmente relevantes para o sucesso do trabalho. Esses critérios serão: a aptidão para o tema, o interesse pessoal e a maturidade intelectual.

Por **aptidão**, deve-se entender a facilidade de aprendizado de um determinado ramo de conhecimento. Esse fenômeno é inerente a todo ser humano. Provavelmente, os alunos de Direito tinham, no segundo grau, maior aptidão para ciências sociais do que para exatas ou biológicas. Também durante o curso, a alguns apetece mais o Direito Público que o Civil ou o Penal. Será mais fácil ao pesquisador dedicar-se a uma área de conhecimento para a qual tenha aptidão, para a qual demonstre facilidade de aprendizado e entusiasmo para conhecer mais; ou seja, "não há tese sem tesão", na fórmula de um autor de Metodologia.[24]

Na descoberta de sua aptidão temática, o aluno deve tomar cuidado para não ser enganado pela simpatia a pessoas, e não a temas. Não é incomum que a escolha do tema seja direcionada pelo fato de um professor próximo se dedicar a uma disciplina detestável ao aluno, ou por ter sido aquela a área escolhida pelo grupo de amigos. Evite a todo custo esse engano, pois redundará em frustração e trabalho medíocre. Dedique-se ao tema que realmente lhe provoque entusiasmo.

Ao lado da aptidão, o aluno deve se esforçar para conjugar o tema escolhido com o **interesse pessoal**. Esse interesse pode se manifestar na prática profissional pretendida pelo aluno – assim, a pesquisa em Direito Tributário, por exemplo, será um excelente embasamento teórico para quem pretender advogar futuramente nessa área. Ou ainda, porque a prática atual permite acesso a fontes utilizáveis na pesquisa, como, por

[24] Beaud, 1996, *passim*.

exemplo, o estagiário do departamento jurídico que elabora monografia sobre os contratos típicos daquele tipo de negócio, ou sobre um determinado problema na vara de família onde estagia. Essa prática é recomendável, como forma de facilitar a pesquisa e o cumprimento do exíguo prazo para a pesquisa. Entretanto, deve-se ter o cuidado ético em conseguir autorização para manejar as fontes do local de trabalho, e restringir os dados considerados confidenciais.

Por fim, o trabalho não se desenvolverá com facilidade se o pesquisador não tiver **maturidade intelectual** para enfrentar o tema proposto. Essa maturidade se adquire com o tempo e com milhares de horas de leitura e análise. Não há atalhos nem fórmulas mágicas. De nada adianta um diploma de doutorado adquirido, a preços módicos, nas últimas férias de verão; tampouco funcionará cochilar sobre os livros, numa tentativa de alquimia bibliográfica. Adquirir maturidade intelectual depende de tempo, estudo e disciplina.

Por isso, o pesquisador deve saber reconhecer seus limites e o momento em que se encontra em sua evolução intelectual. Um exemplo ilustrará a assertiva: há alguns semestres, uma aluna de graduação apresentou um excelente projeto, sobre a caracterização do crime na obra de Michel Foucault, sobre quem ela havia lido um artigo. Ora, Foucault é um autor difícil, com obras extremamente densas, que demandam prévias leituras, para conhecer termos e conceitos criados pelo próprio autor. E isso não era possível no prazo que a aluna tinha à disposição, e que não lhe permitiria desenvolver a maturidade necessária à compreensão do tema.

4. CRITÉRIOS PRÁTICOS

Outros critérios ainda podem ser mencionados, alusivos a questões práticas enfrentadas pelo pesquisador. Assim, na escolha do tema, deve-se atentar para a disponibilidade de **orientador**. Ou seja, haver alguém na instituição que conheça algo sobre o tema, e que possa auxiliar o aluno em sua pesquisa.

Ainda, como critério, deve-se planejar como o tema escolhido pode ser compatibilizado com as **disciplinas cursadas**; com as disciplinas eletivas (nos cursos de pós-graduação) e com as disciplinas optativas (nos cursos de graduação). E isso porque a pesquisa será mais fácil se o aluno se dedicar à temática ao longo do curso, sem desviar sua atenção para áreas de conhecimento diversas. Nos cursos de mestrado, uma sugestão é que o aluno planeje antecipadamente as disciplinas segundo a pesquisa proposta, e direcione os trabalhos e *papers* exigidos para a temática de seu projeto de pesquisa.

Um critério sempre importante é o do vil metal, ou seja, a **demanda financeira** da pesquisa proposta. Um trabalho que exija viagens constantes, caras pesquisas de campo, bibliografia distante, pode ser inviabilizada pelas limitações financeiras do pesquisador. Nesse sentido, o pesquisador pode buscar mecanismos de financiamento por meio de instituições públicas (com recursos cada vez mais minguados)[25] ou privadas, como organizações profissionais ou empresas que tenham interesse no resultado da pesquisa. Algumas instituições também oferecem prêmios a pesquisas em determinados temas, que podem servir como um incentivo financeiro.

---

25 No Brasil, o CNPq condensa boa parte desses recursos. Disponível em: <http://www.cnpq.br> e <http://www. mct.gov.br>.

O PROJETO DE PESQUISA

1. AS RAZÕES DO PROJETO

Em várias instituições de ensino, é comum exigir-se dos alunos, para a matrícula na disciplina relativa ao trabalho de pesquisa, que apresentem previamente um projeto. A mesma exigência é feita em programas de financiamento à pesquisa científica, e é habitual que professores peçam para "ver o rascunho do projeto", antes de aceitar a orientação. Nos cursos de pós-graduação, muitas vezes esses projetos devem inclusive ser defendidos perante uma banca, o que se denomina em regra de "qualificação".

Mas afinal, o que é o projeto de pesquisa, e qual sua razão, além de ser um aborrecimento a mais para o combalido estudante de Direito neste vale de lágrimas que se tornou a faculdade? Bem, lamúrias à parte, o projeto é uma parte fundamental da pesquisa, e serve como um balizador das pretensões do estudante.

Uma metáfora nos permite vislumbrar essa relevância. Imagine-se proprietário de um terreno de 400 metros quadrados, numa vizinhança de classe média de sua cidade. Os direitos autorais recebidos pela venda de sua monografia permitem pensar na construção de uma casa naquele terreno. Qual a estrutura da casa? Quais são os limites de seu terreno? Qual a disponibilidade de tempo e de capital? Quais são as exigências normativas da prefeitura local? Qual é o estilo da casa? Todas essas respostas deverão constar no projeto que você encomendará ao engenheiro ou arquiteto responsável pela obra.

Pode ser que, no decorrer da obra, resolva-se modificar uma porta aqui, uma cor acolá, mas os itens fundamentais já devem ter sido respondidos pelo projeto: (a) não se pode construir uma casa acima de 350m² naquele terreno; (b) deve haver uma estrutura apta a sustentar a construção; (c) a qualidade do material influirá na longevidade da obra; invencionices e "gambiarras" provocarão curtos-circuitos; (d) uma casa, meio colonial, meio modernosa, ficará ridícula; (e) a obra poderá ser embargada se não obedecer às posturas municipais; (f) você deverá terminá-la em seis meses, ou ficará sem teto.

Ao longo dessas respostas, o projeto cumpre suas principais funções: conhecimento, planejamento e previsibilidade.

A metáfora é perfeitamente aplicável ao projeto de pesquisa. Nele, o autor deve responder: (a) **o que** pretende estudar; (b) **aonde** quer chegar; (c) **por que** esse estudo é relevante; (d) **o que se sabe** hoje sobre o assunto; (e) **como** pretende realizar a pesquisa. As respostas a tais questionamentos compõem o projeto de pesquisa, e são fundamentais para estabelecer o alicerce à atividade futura.

E isso porque, em primeiro lugar, o projeto serve para esclarecer, ao próprio pesquisador, a viabilidade de sua obra. Assim, a própria elaboração do projeto é um aprendizado, que adianta as dificuldades a serem enfrentadas e o estado do conhecimento do tema. É extremamente comum que o pesquisador iniciante modifique sua hipótese, ou delimite mais o tema, após a conclusão do projeto de pesquisa.

Além disso, como se verá, o projeto serve para adiantar o trabalho de pesquisa, sobretudo no que se refere ao levantamento bibliográfico. Um projeto bem feito é cinquenta por cento do trabalho de pesquisa.

Para o orientador, analisar o projeto é essencial para averiguar se o aluno sabe delimitar o tema, se a proposta é viável, se o aluno demonstra habilidade de redação e de metodologia. Os professores mais exigentes nunca dão resposta a um pedido de orientação, sem ter em mãos pelo menos uma versão inicial do projeto do aluno.

Para a instituição, a exigência de apresentação de um projeto – e de sua aprovação formal por um coordenador de pesquisa ou por uma banca de qualificação – serve também como garantia. Nesse caso, a garantia será de que o aluno delimitou um tema dentro das linhas de pesquisa do curso (sobretudo na pós-graduação), de que ele atentou para o conhecimento já produzido na instituição sobre o tema, de que o projeto preenche os requisitos formais e normativos exigidos para a continuidade da pesquisa.

Assim, o aluno deve ter em mente a utilidade do projeto, e as consequências de sua má elaboração. Da mesma forma que a construção da casa, o projeto deve antecipar um empreendimento compatível como espaço e tempo disponíveis, e com os recursos de seu proponente. Além disso, deve claramente asseverar o conteúdo teórico a ser construído, dentro da metodologia a ser indicada. O projeto deve convencer qualquer observador de que a proposta é válida, interessante e realizável. Com esse objetivo, pode-se passar aos elementos formais do projeto.

Algumas características inerentes a qualquer projeto devem ser ressaltadas. A primeira delas é a coerência: exige-se um encadeamento lógico entre o tema escolhido, os objetivos perseguidos e a forma de execução do projeto.

Outra característica fundamental é a adaptabilidade: o trabalho acaba sofrendo modificações, em relação ao que era o projeto original, sobretudo quanto ao título, à organização dos capítulos e às hipóteses secundárias – modificações que não comprometem a linha básica do projeto, e que devem ser discutidas com o orientador. Mas essas modificações devem servir para melhor adaptar o trabalho às condições de sua exequibilidade, e não para alterá-lo totalmente. Assim, da mesma forma que custa uma fortuna reestruturar a construção da casa depois de fincados os alicerces, será também extremamente custoso e improdutivo querer modificar totalmente o tema, estando adiantada a pesquisa.

2. OS ELEMENTOS DO PROJETO

Recentemente a ABNT revisou a norma específica sobre a elaboração de projeto de pesquisa, a NBR 15287, de abril de 2011 (que substitui a de dezembro de 2005).

O projeto estrutura-se em parte externa e parte interna.

A parte externa tem apenas dois elementos: capa (opcional) e lombada (opcional).

Já a parte interna tem três partes: (i) pré-textual; (ii) textual; e (iii) pós-textual, detalhados na tabela abaixo. Os itens designados com [F] são facultativos.

Estrutura	Elemento
Pré-textual	
	Folha de Rosto
	Lista de Ilustrações [F]
	Lista de Tabelas [F]
	Lista de abreviaturas e siglas [F]
	Lista de símbolos [F]
	Sumário
Textual	Tema do projeto Problema Hipóteses (quando couberem) Objetivos Justificativa
	Referencial teórico
	Metodologia
	Recursos e Cronograma
Pós-textual	Referências Bibliográficas
	Glossário [F]
	Apêndice [F]
	Anexo [F]
	Índice [F]

Cada um desses elementos merece ser discutido com mais vagar. Um exemplo de projeto se encontra abaixo, e ilustra as indicações realizadas aqui.

2.1 CAPA

Apresenta as informações transcritas na seguinte ordem: nome da entidade para a qual deve ser submetido, quando solicitado; nome do autor; título; subtítulo (se houver, deve ser evidenciada a subordinação ao título, precedido de dois-pontos, ou distinguido tipograficamente); número do volume; local da entidade; ano de depósito (entrega).

2.2 LOMBADA

Parte da capa do trabalho que reúne as margens internas das folhas, em qualquer forma que sejam mantidas juntas, inclusive costuradas, grampeadas ou coladas.

2.3 FOLHA DE ROSTO

Trata-se fachada do trabalho, a folha inicial de apresentação. Em regra, contém no topo as indicações fundamentais da instituição e do curso. Ao centro, a indicação "projeto de monografia": (ou de dissertação, ou de tese) com o título provisório. Abaixo, o nome do aluno, seguido pelo do orientador e, por fim, local e data.

2.4 SUMÁRIO

É a indicação dos principais elementos do projeto, com as páginas respectivas. Se o projeto contiver menos de vinte páginas, o sumário é desnecessário.

No sumário, não crie seções com uma única subdivisão (se é "divisão", deve ter pelo menos dois itens).

2.5 OBJETO (TEMA, PROBLEMA E HIPÓTESES)

Nesse item, responde-se ao questionamento sobre o que trata a pesquisa. O pesquisador deve indicar claramente qual é o foco de sua atenção, e quais os limites de suas pretensões.

Para maior clareza, esse item é subdividido em: tema, problema e hipótese. Saber diferenciar esses três conceitos é o mesmo que conseguir aplicar os conhecimentos teóricos sobre ciência, discutidos em capítulo anterior. Muitas pesquisas são fadadas ao fracasso justamente pela incapacidade de seus autores em conseguir indicar a hipótese que responde ao problema que se insere num determinado tema.

Por isso, detenhamo-nos um pouco mais nessa questão, esmiuçando cada um desses conceitos, que podem ser visualizados didaticamente[26] na seguinte escala:

ciência > área > curso > disciplina > tema > problema >< hipótese

Ou seja, na ciência, podem ser identificadas grandes áreas (sociais, exatas, biológicas), que foram divididas em cursos (Direito, Economia, Psicologia), que foram, a seu turno, subdivididos em disciplinas (Penal, Civil, Comercial). Dentro de uma dessas disciplinas, o pesquisador deve indicar um tema.

Aqui começam as agruras do pesquisador. No quadro apresentado, um **tema** é a delimitação de uma disciplina. Conforme se discutiu em outro capítulo, quanto mais delimitado for o tema, mais facilmente será exequível pelo pesquisador, e maior a possibilidade de que ele faça alguma contribuição significativa para o conhecimento daquela disciplina.

Ora, um pesquisador iniciante tem enormes dificuldades nessa delimitação. Seu ímpeto é de tentar fazer um trabalho sobre **os títulos de crédito** (o que não é uma monografia, e sim uma biblioteca), ao invés de **a validade dos contratos de factoring após a Resolução n. X do Banco Central**, esse sim um tema delimitado.

---

[26] Reconheça-se que este quadro é simplório, e não considera a inter-relação cognitiva entre áreas da ciência nem a interdisciplinaridade inerente às ciências humanas. Mas seu objetivo – como, aliás, de todo este livro – é facilitar o trabalho do pesquisador iniciante, sem se deter em questões epistemológicas.

A dificuldade em delimitar o tema é explicável (mas não justificável) pelo temor do pesquisador iniciante em encontrar-se diante de um assunto sobre o qual há pouca bibliografia. Nove entre dez estudantes de Direito tremem diante da informação de que a monografia deverá conter cinquenta páginas, e procuram escapar desse temor na escolha de um tema vastíssimo, sobre o qual juntarão de forma pretensamente organizada um conjunto inútil de citações, e ao que darão ilusoriamente o nome de monografia.

Este livro lhes traz ao menos esta boa nova: não existe tal quimera de tema excessivamente delimitado. Quanto mais delimitado, mais produtivo será o procedimento de pesquisa e maior a contribuição do autor ao assunto. Inicie seu projeto a partir de um tema delimitado, sobre o qual você possa se tornar "a maior autoridade viva", e um novo mundo – de conhecimento, auto perfeição, poder e glória acadêmica – o espera.

Entretanto o caminho para esse paraíso apresenta outras dificuldades. Não basta delimitar o tema, mas deve-se identificar um problema específico que será analisado no trabalho. **Problematizar o tema** é outra dificuldade do pesquisador iniciante, mas passo importante na indicação do direcionamento a ser dado a toda a pesquisa. A problematização se relaciona com o foco do trabalho, no que se refere àquele tema. É a pergunta que pretende ser respondida ao final do trabalho científico.

Um exemplo esclarecerá o conceito. Na monografia proposta acima, o tema se refere à validade dos contratos de *factoring*, após uma imaginária norma do Banco Central do Brasil (BACEN) que condiciona a validade desses contratos ao prévio registro no BACEN. Esse é o nosso tema.

Quanto ao problema, sua elaboração responderá à questão "e daí?". Em outras palavras, o problema será a especificação do trabalho, e direcionará o enfoque a ser dado ao tema proposto. Continuemos com o exemplo. Um problema poderia ser: (i) "A legalidade da Resolução n. X do BACEN, que torna inválidos os créditos decorrentes de contratos de *factoring* emitidos anteriormente à vigência da norma"; ou (ii) "A competência do BACEN em emitir normas que afetam os contratos realizados por empresas de *factoring*"; ou ainda, (iii) "O efeito do princípio do ato jurídico perfeito sobre a norma do BACEN que exige registro de contratos de *factoring* com execução futura".

Observa-se que o mesmo tema pode abranger problemas distintos. Mais ainda, cada um desses problemas leva a uma abordagem diferenciada. No problema (i), o trabalho enfocará as normas de Direito Comercial, e como esse podem sobrepor-se às regras administrativas do BACEN. No problema (ii), a análise se centrará num questionamento de competência administrativa para emitir regras sobre *factoring*. Por fim, o problema (iii) obrigará o autor a ingressar na questão constitucional do ato jurídico perfeito e da execução da norma no tempo.

Em qualquer desses casos, se o pesquisador não delimitar claramente o problema – o enfoque de seu trabalho – ele terá enormes dificuldades em organizar a pesquisa e a redação. Nesse caso, mesmo havendo partido de um tema bem delimitado, o trabalho será de difícil consecução, e o resultado final do trabalho será desorganizado e frustrante.

Alguns pesquisadores preferem, inclusive para dar maior clareza, formular o problema em forma de questionamento, encerrando a frase com um ponto de interrogação. O trabalho pretenderá, portanto, responder àquele questionamento proposto. Repita-se: com a formulação do problema, deve-se esclarecer para quem avalia o projeto (e para o próprio pesquisador) qual é o foco central do trabalho, o que se saberá quando a pesquisa for concluída.

Da mesma forma que ninguém é ideologicamente isento, tampouco existe isenção do pesquisador quando formula o problema. Ele pensa ter a resposta sobre o problema proposto. Essa resposta provisória é a **hipótese**, que também deve ser incluída como parte do objeto do projeto. A hipótese é "a tese propriamente dita, a hipótese geral e a ideia central que o trabalho se propõe a demonstrar."[27]

Aqui se deve distinguir claramente entre o papel do pesquisador e o do operador jurídico. Muitos trabalhos têm escasso valor científico justamente porque seus autores incorporaram inexoravelmente o personagem advogado, contaminando seu trabalho como pesquisador. Ora, o papel do operador jurídico (sobretudo do advogado, mas também do promotor e do juiz) é fundamentar juridicamente uma determinada opinião, é fazer prevalecer um determinado ponto de vista. Aliás, seu cliente lhe paga para que faça isso.

Esse não é o papel do pesquisador, que deve propor uma hipótese inicial, mas que, ao final do trabalho, deve saber descrever se a hipótese se confirma ou não se confirma, e porque isso ocorre. Nada há de pior que um pesquisador renitente, que deseja a todo custo provar uma hipótese frustrada, de tal forma apegado a ela que negligencia, ou omite, todas as evidências em sentido diverso.

Pelo contrário, pode-se afirmar (com alguma dose de leviandade), que em geral as hipóteses não se confirmam. E isso se explica porque, quando elabora o projeto, o pesquisador tem um conhecimento superficial da matéria, um conhecimento advindo do senso comum, de leituras superficiais e de manuais, sem que possa identificar conhecimento específico sobre o tema. Por isso, é usual que os trabalhos científicos sérios concluam diferentemente da hipótese vislumbrada no projeto, ou que o pesquisador identifique variáveis e condições de validade

---

27 Severino, 1986, p. 202.

distintas das que previa ao início do trabalho. Essa é a postura do verdadeiro pesquisador.

Para ilustrar, voltemos ao exemplo do tema proposto há pouco. Seu autor resolve se concentrar no problema da competência administrativa do BACEN para emitir regras sobre *factoring*. A hipótese da qual ele parte é de que:

> o BACEN não tem competência para emitir regras sobre *factoring*, uma vez que a Constituição, as normas federais e suas normas constitutivas se referem à competência sobre temas financeiros, o que não é caracterizado no contrato de *factoring*.

Essa é a hipótese. Pois bem, após um árduo período de estudos, o pesquisador conclui justamente o contrário, do cabimento das regras emitidas pelo BACEN. Ele estava errado? Não, sua hipótese é que não se confirmou, e seu papel como cientista é reconhecer as condições de invalidade da hipótese. Esse é o papel do cientista; defender o contrário é papel do advogado das empresas de *factoring*.

Na elaboração da hipótese, pode-se também identificar algumas hipóteses secundárias, que devem necessariamente ser uma subdivisão da hipótese básica (se não for uma subdivisão, é porque você está pretendendo incluir outro problema em sua monografia; deixe disso, concentre-se num único problema). As hipóteses secundárias serão, assim, elementos que compõem uma hipótese maior: no exemplo dado, as hipótese secundárias seriam relativas a: (a) incompatibilidade da norma do BACEN com as normas constitucionais; (b) incompatibilidade com leis federais; (c) incompatibilidade com normas administrativas. É interessante notar que uma hipótese secundária pode se confirmar, e outra não. No exemplo dado: pode ser que não se identifique incompatibilidade com o texto constitucional, mas sim com alguma norma administrativa. Nesse caso, a hipótese básica se confirmaria, mas condicionada a determinadas condições específicas.

Também na formulação do objeto, costuma-se recomendar a identificação de **variáveis**. Essa identificação é mais facilmente visualizada em outras áreas da ciência, como por exemplo, em Matemática, as variáveis de uma equação, ou os elementos de uma pesquisa biológica sobre os efeitos do cloreto de sódio sobre o *Trypanosoma cruzi*, onde as variáveis serão (1) o cloreto de sódio e (2) o protozoário.

Em ciências sociais, visualizar essas variáveis é um processo mais complexo, muitas vezes multiplicado pelo enorme número de variáveis inserido numa pesquisa, além de sua própria variação terminológica. De fato, as ciências sociais não dispõem de uma linguagem unívoca (como a equação matemática) e abrangem termos multissignificantes. Assim, podem-se encontrar significados distintos para o conceito de Estado, embora alguns poucos iluminados consigam até discutir sobre o sentido ideológico do *Trypanosoma cruzi*.

Por isso, a identificação de variáveis num projeto de pesquisa em ciências sociais, se sua inclusão for exigida, deve receber cuidados no sentido de identificar os principais elementos componentes do problema. Se for o caso, deve-se especificar o significado em que a variável está sendo adotada naquela pesquisa. E se se chegar a uma dezena de variáveis, é um sinal de amplitude irrealizável do problema.

2.6 OBJETIVO

Uma vez estipulado o quê será estudado no trabalho, deve-se ainda esclarecer no projeto o objetivo do trabalho, ou seja, o que se pretende com a proposta apresentada.

A definição do objetivo, desta forma, será muito próxima da definição do objeto do projeto. De fato, se tratarem de temas muito distintos, será porque o autor se perdeu, e está misturando problemas diferentes no mesmo projeto. Mas, no projeto, a função do objetivo é justamente repetir onde o autor pretende chegar.

Por isso, é comum que se determine, como objetivo: conceituar, posicionar, esclarecer, um determinado problema. Na hipótese apresentada anteriormente, por exemplo, o objetivo seria: "afirmar a existência de inconstitucionalidade na Resolução X do Banco Central, que exige a aprovação prévia dos contratos de *factoring*."

Da mesma forma que uma hipótese pode ser subdividida, também pode haver objetivos específicos identificáveis no projeto. O autor do projeto pode indicar esses objetivos específicos, mesmo que em forma de tópicos.

Uma técnica, para facilitar essa indicação, é a seguinte: procure imaginar como será dividida a pesquisa, e quais serão os capítulos e seções principais – a cada um deles corresponderá um objetivo específico. Assim, será objetivo específico: (a) apresentar o histórico do instituto X; (b) demonstrar a compatibilidade entre a regra Y e a Constituição Federal; (c) analisar os efeitos civis da proposta de mudança da Lei W.

2.7 JUSTIFICATIVA

Nesse item, deve-se fundamentar todos os motivos de ordem teórica e prática que indiquem a relevância do tema para seu autor. Pode-se apresentar não somente justificativas de interesse pessoal, mas principalmente a importância científica e social do problema, a contribuição efetiva que se poderá realizar, a atualidade do tema. Em outras palavras, deve-se responder à questão "por quê?". Por que o tema é realmente significante? Por que o autor do projeto se interessou por ele? Por que o trabalho pode apresentar contribuição original à área de conhecimento?

Em outras palavras, o autor do projeto deve, sobretudo, convencer o leitor da pertinência do tema e da pesquisa propostos. Esse item, aliás, será tão mais relevante se acaso houver uma entidade patrocinando a pesquisa.

Aqui, uma dica: há algumas páginas, foi dito que o projeto bem elaborado é uma parte substancial da pesquisa, e que do projeto tudo se aproveita. Essa assertiva é visível aqui, pois uma boa justificativa do projeto poderá servir, no futuro, como parte da introdução da monografia.

2.8 REVISÃO BIBLIOGRÁFICA

Uma parte sempre exigida do projeto, e nem sempre compreendida, é a denominada revisão bibliográfica. Esse item não deve ser uma lista pasmaceira de autores e livros que abordaram o tema, mas sim a descrição do estado-da-arte, ou seja, do conhecimento atual sobre o problema.

Esclarece-se num exemplo: imagine uma pesquisa sobre o genoma humano que propende a um determinado câncer. A revisão bibliográfica do projeto correspondente condensará os conhecimentos sobre o assunto, obtidos até a atualidade. O autor do projeto, em síntese, demonstrará, na revisão bibliográfica: "o que se sabe, antes dessa pesquisa, é isso; e o que a pesquisa buscará demonstrar é x." Na revisão, portanto, constará a descrição dos conceitos fundamentais relacionados ao tema proposto.

Em ciências humanas – e a depender da estrutura proposta para o conjunto do trabalho – a revisão poderá abranger: histórico do instituto estudado, significado dos conceitos fundamentais, base teórica, definição de termos e exceções, literatura específica sobre o problema, principais divergências na literatura (ou na jurisprudência).[28]

[28] Baseado em Mauch e Birch (1988, p. 97).

Por tudo isso, a revisão bibliográfica deve conter o número de páginas necessário para esclarecer o conhecimento atual sobre o problema proposto. E aqui uma dica: uma revisão bibliográfica bem feita poderá ser uma parte considerável do Capítulo 1 da monografia. Sobretudo num trabalho com estrutura dedutiva, o Capítulo 1 costuma ser o capítulo introdutório aos principais conceitos relacionados ao tema. Portanto, para ganhar tempo e ter mais segurança no que se refere à limitação do tema, faça a revisão bibliográfica imaginando sua utilização futura.

2.9 METODOLOGIA

Se o projeto deve apresentar respostas para a forma de consecução da pesquisa, na metodologia deve-se responder "como". Como o projeto será implementado? Como será a estrutura do raciocínio? Como será escolhido o procedimento a ser adotado?

Descrever a metodologia, dessa forma, será especificar as operações a serem realizadas e a forma como serão interpretados os resultados dessas operações, considerando-se o problema proposto. Ao mesmo tempo, a metodologia não deve ser somente uma lista de meios para a pesquisa, mas também uma explicação de como esses meios são preferíveis a outros.[29]

Aqui, pode-se fazer uma distinção. Em primeiro lugar, há o método de abordagem, que pode ser dedutivo (no qual uma proposição teórica geral é aplicada a um caso particular), indutivo (no qual se busca uma regra geral a partir da análise de um caso particular), dialético (onde se busca uma conclusão a partir da contraposição entre uma tese e uma antítese) ou comparativo (na qual duas situações são arrostadas, buscando-se as similitudes e distinções).

[29] SSRN, 2001.

Observa-se, entretanto, que o método de abordagem se refere à estrutura geral da pesquisa, à estrutura dos capítulos. Isso não impede que, num trabalho com abordagem dedutiva – *v.g.*, na monografia **o conceito de paralelismo consciente no Direito da Concorrência e sua aplicação no mercado siderúrgico de Pedro Leopoldo (MG)** – possa haver, em alguns momentos ou capítulos, abordagens indutivas ou comparativas. O método de abordagem, portanto, se refere à lógica do trabalho proposto, e não às centenas de operações lógicas realizadas ao longo do trabalho.

Essa observação é pertinente, sobretudo, na área de Direito. Afinal, o direito brasileiro (como os demais descendentes do Direito Romano), baseia-se numa operação de inserção do fato numa definição normativamente acordada. Ou seja, a interpretação de normas jurídicas no Brasil se realiza fundamentalmente por uma lógica dedutiva. Mesmo assim, pode-se propor, para a estrutura geral do trabalho, uma abordagem indutiva ou dialética.

Ainda nessa parte do projeto, deve-se especificar o método de procedimento a ser utilizado. Fundamentalmente, tais métodos serão: (a) pesquisa em laboratório; (b) pesquisa de campo; (c) pesquisa bibliográfica. Temas jurídicos, via de regra, se concentram em pesquisas bibliográficas, mas não será impossível imaginar uma pesquisa em laboratório, mesmo envolvendo temas jurídicos (por exemplo, sobre validade do exame de DNA na investigação de paternidade, sobre a precisão do exame de balística na determinação de determinado tipo de crime, ou sobre as reações psicológicas dos advogados numa audiência).

Da mesma forma, vêm crescendo nos últimos anos as pesquisas jurídicas que envolvem trabalho de campo, que podem se materializar em entrevistas, pesquisa de mercado, aplicação de questionário e estudo de caso. O pesquisador deve atentar, entretanto, para as regras e técnicas aplicáveis a cada um desses procedimentos.[30] Assim, por exemplo, a realização de entrevistas deve estar justificada pelo objetivo geral da pesquisa, recomendando-se ao pesquisador que elabore previamente as questões; a entrevista deve configurar uma coleta metódica de dados, e não um palavrório de comadres. Da mesma forma, a aplicação de um questionário deve conter claramente as informações buscadas, deve abranger um universo relevante, sem induzir às respostas. Conhecimentos de Estatística serão essenciais aqui, inclusive para definir o desvio-padrão.[31]

2.10 PROPOSTA DE SUMÁRIO

Uma parte essencial do projeto é a proposta de como se dividirá futuramente o trabalho. A proposta de sumário é o fio no labirinto, é a garantia de que o pesquisador não se perderá em temas correlatos, nem se estenderá demasiadamente em problemas secundários à pesquisa.[32]

Portanto, a estrutura imaginada para o trabalho deve constar da proposta de sumário. Ou seja, os principais capítulos e suas principais seções. Algumas recomendações são aplicáveis aqui.

---

[30] Para uma explicação de técnicas de pesquisa de campo, veja-se Lakatos e Marconi (1991).

[31] Há alguns anos, o autor desse trabalho orientou uma monografia sobre a posição do judiciário, baseado na aplicação de um questionário (Krammes, 1999). O questionário foi aplicado por correio eletrônico, e julgou-se necessário acrescentar outros dados, como a idade dos juízes. E isso porque: (a) a forma de aplicação do questionário fazia temer que apenas juízes mais jovens responderiam (o que de fato ocorreu), o que obrigava a alargar o desvio-padrão; (b) por outro lado, garantia a validade dos resultados por maior período, considerando-se o tempo até a aposentadoria daqueles juízes.

[32] Embora não seja uma exigência da ABNT, para a apresentação do projeto, a proposta de sumário demonstrou ser um recurso imprescindível na elaboração de uma monografia.

Em primeiro lugar, deve haver um equilíbrio entre os capítulos; deve-se imaginar uma divisão equânime do trabalho proposto, de forma a não haver grandes disparidades entre o tamanho dos capítulos (para efeitos da organização do sumário, imagine que um capítulo deve ter no máximo o dobro de páginas de outro).

Em segundo lugar, deve haver uma lógica na disposição do trabalho. Ou seja, a estrutura proposta deve conduzir à compreensão do problema e à conclusão quanto à hipótese aventada. Assim, por exemplo, a seguinte estrutura:

1 Introdução
2
2.1.
2.2.
2.3.
3
3.1.
3.2.
4
4.1.
4.2.
5 Conclusão

Num trabalho dedutivo, uma monografia poderia ter a seguinte divisão, bastante generalizante:

1. Introdução (*apresentação do trabalho, justificativa da escolha do tema*)

2. Exposição do tema (*apresentação do tema para o leitor*)

2.1. Origem, histórico

2.2. Fundamento normativo, principais características

3. O problema (*aprofundamento na questão específica proposta, com apresentação da premissa que será testada*)

3.1 Relação do problema em relação ao tema

3.2 Base teórica de explicação do problema

3.2.1 Teorias aceitas

3.2.2 Outras teorias

3.2.3 Teoria adotada neste trabalho

3.3 Hipótese proposta no trabalho

4. Teste da hipótese (*aplicação do método de pesquisa específico*)

4.1 Situação estudada

4.2 Aplicação da hipótese

4.2.1 Procedimento e resultados

4.2.2 Exceções

5. Conclusão (*a hipótese se confirma?*)

Assim, espera-se da proposta de sumário que seja, além de equilibrada, também lógica, harmônica e compreensível. Isso não quer dizer que a proposta de sumário seja imutável. Ao contrário, é muito comum, ao longo da pesquisa, que uma seção seja dividida em duas, por se estender mais que o previsto, ou que um capítulo seja agregado a outro, por resultar muito curto. O sumário deve, portanto, ser adaptado à medida que a redação do trabalho evolui. Mas o autor deve atentar para não perder a lógica da abordagem, nem incluir temas ou problemas correlatos. Lembre-se: uma vez concluído o projeto, é possível a especificação do problema, mas não a mudança de tema, sob pena de enorme perda de tempo (e muitas vezes do próprio diploma perseguido, pois algumas instituições estipulam prazos peremptórios, sobretudo na pós-graduação).

Por isso, a sugestão que se faz é que o pesquisador cole à parede, no seu local de trabalho, a proposta de sumário com a data de sua atualização. Isso servirá para mostrar-lhe em que momento se encontra na redação do trabalho, e também para evitar que se perca no emaranhado de novas informações geralmente obtidas ao longo da pesquisa.

2.11 CRONOGRAMA

Uma definição cínica de cronograma seria "o calendário que nunca é seguido pelo aluno." E, de fato, os estudantes de Direito são como os brasileiros em geral, que acreditam compulsivamente em soluções de última hora, auxiliados por uma prorrogação, por iluminações geniais ou pela providência divina.

O objetivo do cronograma é justamente prever uma divisão razoável do tempo para a pesquisa, que seja realista em relação aos recursos do aluno e à disponibilidade da instituição e do orientador. Dessa forma, o cronograma deve prever as etapas a serem realizadas, com os prazos requeridos. Em regra, isso é feito num quadro, onde sejam refletidos os meses em que cada uma dessas etapas ocorrerá.

Além de impor disciplina ao pesquisador e demonstrar a exequibilidade do projeto no prazo indicado, o cronograma serve também para organizar a ordem de realização de cada etapa. Assim dito, pode parecer um exagero de organização, mas você verificará que, durante uma pesquisa, o tempo é um elemento precioso.

Orienta-se também que não se acumulem muitas atividades para os últimos meses da pesquisa, pois se deve dar algum crédito ao imprevisto, reservando um prazo de segurança. Afinal, em nossas vidas sempre há acidentes, enfermidades, viagens do orientador, impressoras desobedientes, e outras situações que podem demandar proporção irrazoável do escasso tempo disponível.

Uma última observação quanto à necessidade de um cronograma realista: o cronograma – como, aliás, todo o projeto – é um compromisso formal entre o aluno e o orientador, entre esses e a instituição. Uma vez não cumpridas as etapas do cronograma aprovado, sujeita-se o aluno à reprovação ou à exclusão do programa, eximindo-se o orientador e a instituição de qualquer responsabilidade.

Um exemplo de cronograma conteria as seguintes etapas:

Cronograma	Meses Correspondente
	Nov./Dez. [...] Nov.
Seleção de orientador	
Revisão do projeto pelo orientador	
Aprovação do projeto pelo orientado	
Aprovação pelo Curso	
Elaboração do 1° capítulo	
Leitura do 1° cap. p/ orientador	
Início da pesquisa de campo	
Revisão do 1° capítulo	
Apresentação de relatório	
Elaboração do 2° capítulo	
Efetivação da pesquisa de campo	
Leitura do 2° cap. p/ orientador	
Revisão do 2° capítulo	
Análise da pesquisa de campo	
Elaboração do 3° capítulo	
Leitura da 3° cap. p/ orientador	
Revisão do 3° capítulo	
Elaboração da conclusão	
Elaboração da Introdução	
Leitura final pelo orientador	

Revisão metodológica
Revisão final
Apresentação para banca
Defesa do trabalho
Correção dos comentários da banca
Impressão e depósito

No exemplo apresentado, a pesquisa foi dividida ao longo de um ano, considerando-se um mês de férias (janeiro) e dois meses pouco produtivos (dezembro e julho). Também foi prevista a defesa antecipada do trabalho (em setembro), o que é ideal, já que os últimos meses do curso são tradicionalmente comprometidos com preocupações quanto à dúvida se existe vida após a universidade.

2.12 LEVANTAMENTO BIBLIOGRÁFICO INICIAL

Nesse item, devem ser relacionados todos os documentos e obras já obtidos pelo pesquisador, bem como as listadas para futura consulta. Evidentemente, essa listagem será completada, nas Referências Bibliográficas da versão final do trabalho, por outras fontes documentais que o pesquisador tenha utilizado. Da mesma forma, pode ser que um livro inicialmente listado seja inútil ou não se refira ao tema da pesquisa, caso em que será retirado posteriormente, nas Referências Bibliográficas.

Uma sugestão é que, após a aprovação do projeto, seja criado pelo pesquisador um arquivo *Refbibl.doc*, no qual constará o levantamento bibliográfico inicial, e que será constantemente atualizado ao longo da pesquisa. Esse arquivo será útil, posteriormente, no momento de elaboração das referências bibliográficas finais da monografia.

2.13 ORÇAMENTO

Caso a pesquisa esteja sendo financiada por alguma instituição, é comum exigir-se no projeto uma previsão dos custos decorrentes. O orçamento deve abranger todos os custos da pesquisa, e que geralmente são:

ORÇAMENTO	
– Aquisição de livros	R$
– Cópias *xerox*/ *Comut*	R$
– Viagem de estudos	R$
– Material de expediente/papelaria	R$
– Aplicação de questionário	R$
– Correio/internet	R$
– Tradutor	R$
– Revisor	R$
– Impressão	R$
– Encadernação	R$

2.14 ANEXOS

Também opcionais, podem ser incluídos como anexos apenas os documentos essenciais para a compreensão do projeto. São exemplos: fontes primárias de difícil obtenção, modelos e tabelas acerca da teoria proposta, modelo de questionário ou de entrevista a ser aplicado.

3. AVALIAÇÃO DO PROJETO

Uma vez apresentado o projeto, será ele avaliado e aprovado pelo orientador e pela instituição. Conforme se mencionou, essa aprovação gera efeitos jurídicos, comprometendo as partes com o tema escolhido (que passa a compor o patrimônio intelectual do autor) e com os prazos de consecução do trabalho.

Como critérios mínimos para a aprovação do projeto de pesquisa, sugerem-se:

CRITÉRIOS MÍNIMOS PARA APROVAÇÃO DO PROJETO

(a) título claro e conciso
(b) problema relevante e específico
(c) hipóteses claramente indicadas
(d) limitações claras do trabalho
(e) revisão bibliográfica completa e atualizada
(f) definição dos termos centrais (variáveis)
(g) metodologia detalhada
(h) proposta de sumário organizada e lógica
(i) cronograma realista
(j) levantamento bibliográfico completo
(k) correção gramatical

Se o projeto não contém no mínimo esses requisitos, o melhor que fará o orientador (ou a banca de qualificação) é não aprová-lo, pois a consecução do trabalho estará inevitavelmente comprometida desde seu início.

Quanto às demais regras de apresentação gráfica do projeto, são basicamente as mesmas da ABNT 14724, de abril de 2011, apresentadas em capítulo posterior.

4. EXEMPLO DE PROJETO DE PESQUISA

O texto abaixo exemplificará um projeto de pesquisa, contendo os elementos mencionados acima.[33]

---

[33] Esta uma versão adaptada do projeto apresentado inicialmente em 1999 e defendido no ano seguinte. O resultado desta monografia foi publicado como livro (Brogini, 2000).

UNIVERSIDADE FEDERAL SANTA CATARINA – UFSC
CENTRO DE CIÊNCIAS JURÍDICAS – CCJ
DEPARTAMENTO DE DIREITO – DIR

PROJETO DE MONOGRAFIA

Salvaguardas transitórias para produtos têxteis no âmbito do Mercosul

Gilvan Damiani Brogini
Acadêmico
Dr. Welber Barral
Orientador

Florianópolis, agosto de 1999.

1. APRESENTAÇÃO

1.1 Acadêmico:

Gilvan Damiani Brogini

Matrícula: 9520523-3

[Endereço, correio eletrônico, telefones]

1.2 Orientador:

Prof. Dr. Welber Barral

[Endereço, correio eletrônico, telefones]

1.3 Área de concentração:

Direito Internacional Econômico

1.4 Entidade envolvida:

Departamento de Direito
Centro de Ciências Jurídicas
Universidade Federal de Santa Catarina (UFSC)

1.5 Duração: 11 meses

Início: Agosto de 1999
Término: Junho de 2000

2. OBJETO

2.1 Tema:

Legislação sobre Salvaguardas.

2.2 Delimitação do tema:

Análise da aplicabilidade de salvaguardas transitórias para produtos têxteis no âmbito do Mercosul.

2.3 Hipótese básica:

A aplicação de salvaguardas para produtos têxteis é incompatível com o ordenamento do Mercosul.

2.4 Hipóteses secundárias:

– A Decisão CMC 17/96, norma comum do Mercosul sobre salvaguardas, traça princípios gerais sobre a matéria, os quais têm aplicação sobre produtos têxteis;

– O Acordo sobre Têxteis e Vestuário da OMC (ATV) tem aplicação subsidiária em relação à importação de têxteis no interior do Mercosul;

– A Resolução n. 70/87 do Conselho de Representantes da ALADI foi tacitamente revogada, no contexto do Mercosul, pelo Tratado de Assunção;

– A exclusão das importações originárias do interior do Mercosul, na aplicação de salvaguardas, encontra respaldo no art. XXIV do GATT 1994, configurando exceção à cláusula da nação mais favorecida.

3. OBJETIVOS

3.1 Objetivo geral:

Demonstrar que a aplicação de salvaguardas transitórias para produtos têxteis é incompatível com as normas do Mercosul.

3.2 Objetivos específicos:

– Elencar os traços distintivos entre salvaguardas comuns e salvaguardas transitórias para produtos têxteis, individualizando estas últimas;

– Examinar a compatibilidade entre os ordenamentos do Mercosul e da ALADI, em matéria de salvaguardas;

– Analisar os acordos firmados no âmbito da OMC sobre a matéria, especificamente o Acordo sobre Salvaguardas e o Acordo sobre Têxteis e Vestuário;

– Mostrar que a não-aplicação de salvaguardas no interior do Mercosul é amparada pelo art. XXIV do GATT 1994;

– Avaliar as repercussões da decisão do painel da OMC sobre Salvaguardas aplicadas pela Argentina no setor de calçados;

– Examinar o atual quadro do Mercosul em matéria de integração comercial, especialmente no tocante às medidas de salvaguarda.

4. JUSTIFICATIVA

Os seguintes argumentos podem ser invocados para justificar a escolha do tema:

a) Atualidade do tema: tendo em vista a recente crise envolvendo Brasil e Argentina, motivada justamente pela aplicação de salvaguardas por parte da Argentina conta o Brasil, o tema se insere no contexto político e econômico da atualidade;

b) Ineditismo do trabalho: a legislação sobre salvaguardas é bastante recente nos países do Mercosul e, por esse motivo, pouco ou quase nada foi escrito a respeito. Além disso, acrescente-se que sobre salvaguardas para produtos têxteis a escassez de bibliografia é ainda maior;

c) Interesse do autor: o tema proposto se enquadra no contexto da pesquisa desenvolvida pelo autor durante o período em que foi bolsista de iniciação científica, quando estudou os mecanismos de defesa comercial;

d) Relevância do tema: o trabalho proposto, alcançando qualidade e profundidade necessárias, poderá contribuir para a definição de políticas públicas quanto ao tema, que se tornará relevante nos anos próximos. Tal certeza se baseia na utilização crescente de salvaguardas no âmbito do Mercosul e pela necessidade do estudo quanto à compatibilidade entre estas normas e a legislação regional (ALADI) e multilateral (OMC);

e) Pertinência do tema: o tema proposto será objeto de análises e críticas no futuro próximo, no âmbito do Mercosul. Com efeito, o processo de consolidação normativa do Mercosul exige novo marco teórico; o trabalho proposto poderá desenvolver contribuição efetiva para este debate.

5. REVISÃO BIBLIOGRÁFICA

Para Araminta Mercadante, salvaguarda "designa a adoção de medidas de emergência para proteger a indústria nacional, a fim de que nenhum dado possa prejudicá-la, em decorrência do aumento considerável das importações e desde que tais medidas estejam conforme a legislação vigente."[34] O argumento para sua existência alude à necessidade de contornar situações emergenciais, provocadas pela invasão de importações, em decorrência da redução de barreiras tarifárias. As medidas de

[34] Mercadante, 1994, p. 179.

salvaguarda servem, neste contexto, para conceder um prazo para o ajustamento das indústrias mais seriamente afetadas pelo aumento na importação de produtos concorrentes.[35]

Entretanto, nem todos os produtos importados sujeitam-se às mesmas regras em matéria de salvaguardas. Como regra geral, estão sujeitos à disciplina do Acordo sobre Salvaguardas da Organização Mundial do Comércio (ASOMC), reproduzido nas legislações nacionais da maioria de seus países membros. No caso dos produtos têxteis e de vestuário, que em sua maioria não foram incorporados ao GATT 1994, o tratamento é distinto. Para estes produtos foi estabelecido um regime de exceção para adequação do setor às novas regras do comércio internacional. Durante este período transitório, que se estenderá até o 121º mês da entrada em vigor do Ato Constitutivo da OMC, o setor será regulado pelo Acordo sobre Têxteis e Vestuário (ATV) daquela instituição, o qual prevê a adoção de salvaguardas transitórias em seu artigo 6º.[36]

As salvaguardas transitórias para produtos têxteis possuem, assim, disciplina própria e se constituem em exceção ao ASOMC. O âmbito de sua aplicação é, portanto, restrito. Somente podem ser objeto de salvaguardas transitórias os produtos que não estejam incorporados ao GATT 1994 e para os quais o país reservou direito de recorrer a tais medidas. Não estão compreendidos nesta lista: (i) tecidos de fabricação artesanal; (ii) produtos têxteis próprios do folclore tradicional; (iii) produtos têxteis que historicamente são objeto do comércio internacional; (iv) produtos fabricados com seda pura; e

[35] Barral, 1999, p. 134.

[36] Dessa forma, o período de vigência de uma medida de salvaguarda transitória para produtos têxteis não poderá exceder o 1º dia do 121º de vigência do Ato Constitutivo da OMC. Cf. ATV, art. 9.

(v) produtos cujas exportações estejam sujeitas a outras restrições previstas no ATV.[37]

Os requisitos para sua aplicação envolvem necessariamente (i) o aumento no volume total de importações; (ii) o prejuízo ou o ameaça de prejuízo à indústria doméstica; e (iii) o nexo causal entre eles. Aqui também reside um fator importante, já que na demonstração do nexo causal qualquer fator alheio ao aumento no total das importações não justifica a aplicação das medidas em questão.[38] Além disso, deve-se levar em conta os efeitos do aumento das importações sobre a indústria doméstica, de forma não necessariamente rígida, mas abrangente.[39]

Uma importante distinção entre salvaguardas para têxteis e salvaguardas para demais produtos diz respeito àqueles países que serão atingidos pela medida. Ao contrário do que ocorre quando da aplicação de medidas de salvaguarda em outros setores, no de têxteis as medidas não são opostas "ao produto importado independentemente de sua origem", mas sim de forma seletiva: país a país, não incidindo aqui o princípio da não-seletividade. Analisa-se o crescimento das importações de cada país envolvido, apurando-se se o aumento é *substancial* e *repentino*, mesmo que não seja real e esteja apenas na iminência de ocorrer, e sempre com base em dados reais, não em alegações, conjecturas ou possibilidades.[40]

Uma vez sendo determinada a existência de prejuízo ou ameaça de prejuízo pelo país importador, uma eventual medida de salvaguarda somente poderá ser aplicada dentro de 90 dias a partir da notificação ao país exportador de que existe

[37] ATV, art. 6.1., e Anexo.
[38] ATV, art. 6.2.
[39] ATV, art. 6.3.
[40] ATV, art. 6.4.

prejuízo ou ameaça real de prejuízo grave.[41] Ainda assim, há obrigatoriedade de celebração de consultas entre estes países antes da aplicação de qualquer medida definitiva. O pedido de consultas deve estar instruído, entre outros, com os requisitos de aplicação da medida e com a indicação do nível específico através do qual o país importador pretende restringir as importações. O país exportador, por sua vez, deve responder prontamente ao pedido, para que as consultas sejam realizadas o mais rapidamente possível.[42]

Existe ainda a possibilidade da adoção de medidas de salvaguarda provisórias, caso se constate que a circunstância pela qual atravessa a indústria nacional seja *excepcional* e *crítica* e se verifique também que qualquer demora possa tornar irreparável o prejuízo àquela indústria. Se uma medida de salvaguarda é aplicada nestas condições, não há celebração prévia de consultas, mas o país importador deve solicitar ao país exportador sua realização dentro de cinco dias a partir da adoção da medida.[43] De qualquer forma, nenhuma medida de salvaguarda transitória, provisória ou definitiva, poderá exceder o período de três anos. Cessa também a medida se, neste ínterim, ocorrer a integração do produto importado ao GATT 1994.[44]

No caso do Mercosul, a primeira norma a tratar da temática sobre salvaguardas foi inserida no Tratado de Assunção. Assim, o anexo IV daquele Tratado estipula que os Estados poderão aplicar medidas de salvaguarda, em casos excepcionais,

---

41 ATV, art. 6.5.

42 ATV, art. 6.7. As consultas devem ser concluídas dentro de 60 dias após o recebimento do pedido. Não há obrigatoriedade, porém, na realização de um acordo restritivo voluntário entre as partes (ATV, art. 6.8.).

43 ATV, art. 6.11.

44 ATV, art. 6.12.

até 31 de dezembro de 1994,[45] na forma de restrições quantitativas. Antes de sua aplicação, porém, devem ser celebradas, obrigatoriamente, consultas para negociação de cotas com o país exportador, para que não se interrompam as correntes de comércio geradas no interior do bloco.[46] Toda medida aplicada terá duração máxima de dois anos, sendo que "em nenhum caso a aplicação de cláusulas de salvaguarda poderá estender-se além de 31 de dezembro de 1994".[47] O Tratado de Assunção deixa claro, ao reiterar esta limitação nos art. 1º e 5º, que não pode haver medida de salvaguarda em vigor no âmbito do Mercosul a partir de 1º de janeiro de 1995. Estas normas, entretanto, não contemplam as exceções para produtos têxteis, e por uma questão lógica, já que o ATV foi concluído apenas em abril de 1994 – três anos após a assinatura do Tratado de Assunção.

A questão de salvaguardas para o setor têxtil ficou em aberto mesmo após a entrada em vigor do ATV. Contudo, esta questão não se mostrou relevante, uma vez que não houve conflito entre os países membros sobre a matéria. Em dezembro de 1996 foi aprovado, através da Decisão n. 17/96 do Conselho Mercado Comum, o Regulamento Relativo à Aplicação de Salvaguardas às Importações de Países Não-Membros do Mercosul (ASM), que se baseou no ASOMC, também concluído em abril de 1994. O único dispositivo no ASM que trata da matéria é o art. 82, que estipula: "Nos casos de produtos agrícolas e produtos têxteis, aplicar-se-ão, no que couber, as disposições do Acordo sobre Agricultura e do Acordo sobre Têxteis e Vestuário, da OMC."

---

45 Anexo IV ao Tratado de Assunção, art. 1º.
46 Anexo IV ao Tratado de Assunção, art. 4º.
47 Anexo IV ao Tratado de Assunção, art. 5º.

Recentemente, esta questão foi levantada no âmbito do Mercosul. Através da Resolução n. 861, de 16 de julho de 1999, a Argentina estabeleceu medida de salvaguarda contra produtos têxteis (tecidos de algodão e suas mesclas) originários do Brasil, consubstanciada na fixação de cotas anuais para a importação destes produtos. Tal medida foi aplicada de forma provisória (não houve, portanto, celebração de consultas), após aquele país ter constatado a existência de dano grave à sua indústria e circunstâncias excepcionais e críticas. A Argentina aplicou a medida com base no art. 6º do ATV, já referido anteriormente, e não levou em consideração uma norma sequer do Mercosul.

Segundo a linha de argumentação daquele país, não há regras disciplinando a matéria no Mercosul e, por esta razão, não pode haver violação dos compromissos assumidos em seu âmbito pelo país. A Argentina ressalta que o ASM trata apenas das salvaguardas do art. XIX do GATT 1994, contempladas pelo ASOMC, e que o art. 82 do ASM remete ao ATV a questão das salvaguardas para têxteis no interior do bloco, numa clara demonstração da existência de um vazio legislativo sobre a matéria. Desta forma, estes produtos estariam sujeitos às regras do ATV e ao princípio da não-seletividade, e excluir o Brasil da aplicação destas medidas configuraria violação ao princípio da não-discriminação da OMC.

Tal atitude foi imediatamente questionada pelo Brasil, que vê aí uma nítida demonstração de protecionismo e desrespeito às regras comuns do bloco. Para o país, o Tratado de Assunção é explícito ao proibir a adoção de salvaguardas contra importações de países membros e a aplicação do ATV se faz subsidiariamente no caso de salvaguardas extrazona.[48] O ASM

48 Cf. GAZETA MERCANTIL, 1999, p. A-2.

reitera o princípio do Tratado de Assunção[49] e apenas remete ao ATV os casos omissos em relação à matéria. Ademais, a exclusão dos sócios da aplicação de salvaguardas encontra respaldo no art. XXIV do GATT 1994.

A controvérsia, porém, assume maiores implicações. A Argentina, ao buscar a excepcionalidade para os produtos têxteis, questiona a própria condição de União Aduaneira do Mercosul. O Brasil insiste em que não há incompatibilidade entre as regras do bloco e as da OMC, e mostra receio em relação ao futuro do Mercosul caso seu principal parceiro comercial no bloco continue a impor restrições unilaterais.

Há que se ter em mente, além disso, o atual contexto econômico da Argentina, que atravessa um momento delicado. Com a desvalorização do real em relação ao dólar e com a desgravação tarifária de certos produtos brasileiros, que atingiram tarifa zero no início deste ano (veja-se o caso dos calçados), o aumento das importações foi inevitável. Ao mesmo tempo, os produtos argentinos ficaram mais caros no Brasil, o principal mercado consumidor de seus produtos.

Esta conjuntura fez com que o governo argentino fosse pressionado por sua indústria a tomar medidas de proteção, sob pena de agravar ainda mais o quadro econômico-social do país. A adoção de salvaguardas foi uma das respostas do país aos anseios da indústria doméstica. No entanto, ao serem direcionadas contra importações do Brasil, ainda que com fundamento em norma multilateral (ATV), colocaram em dúvida a estrutura do Mercosul, abrindo uma crise político-diplomática entre os dois países.

---

[49] ASM, art. 99: "Quando forem aplicadas medidas de salvaguarda (...), excluir-se-ão das mesmas as importações originárias dos Estados-Partes."

O imperativo argentino de proteção à sua indústria, porém, tem se sobreposto aos interesses do Mercosul. Numa atitude que corrobora esta tese, dez dias após a aplicação de salvaguardas transitórias contra os têxteis brasileiros, em 26 de julho de 1999 a Argentina publicou a Resolução n. 911, que permite e regula a adoção de salvaguardas contra produtos (note-se: não somente os têxteis) que entrem no país originários de qualquer país membro da Associação Latino Americana de Integração (ALADI), inclusive dos parceiros do Mercosul, que afete a indústria doméstica. A decisão baseia-se na Resolução n. 70/87 do Comitê de Representantes da ALADI, a qual estabelece o Regime Regional de Salvaguardas. Segundo a resolução, os países membros da ALADI podem aplicar cláusulas de salvaguarda, com caráter transitório e em forma não-discriminatória.

As repercussões desta nova medida argentina ainda pairam sobre o bloco. O que se sabe é que, num primeiro momento, a Argentina quer estender a aplicação de salvaguardas para os calçados brasileiros, medida que não encontra respaldo algum no ATV nem no ASM. De qualquer forma, traz à tona, entre outros questionamentos, discussão sobre a supremacia das normas do Tratado de Assunção que, pensava-se, havia revogado para Argentina, Brasil, Uruguai e Paraguai as normas da ALADI em relação a temas comerciais.

6. METODOLOGIA

A metodologia utilizará o método dedutivo. Será feito um estudo comparativo entre a normatização do Mercosul, ALADI e OMC, onde se pretende apontar similaridades e diferenças entre elas no que diz respeito às medidas de salvaguarda.

6.1 Proposta de sumário:

1. Introdução

2. Legislação sobre Salvaguardas

2.1 Salvaguardas como medidas de defesa comercial

2.2 Elementos conceituais

2.3 Traços característicos

3. Salvaguardas em Relação a Produtos Têxteis

3.1 Salvaguardas como exceções transitórias

3.2 Fundamentos e características

3.3 Normatização internacional

4. Salvaguardas para Têxteis no Mercosul

4.1 Legislação aplicável

4.2 Compatibilidade das normas

4.3 Análise crítica

5. Conclusão

6. Referências Bibliográficas

7. Anexos

6.2 Cronograma

	1999					2000					
Atividades:	ago.	set.	out	nov	dez	jan	fev	mar.	abr	maio	jun
levantamento bibliográfico	X	X				X	X				
leitura e fichamentos		X	X	X	X	X	X	X	X		
redação provisória					X	X	X	X			
redação final: cap. II							X				

cap. III								X			
cap. IV									X		
introdução e conclusão										X	
entrega da monografia										X	
defesa da monografia											X
contatos com orientador	X	X	X	X	X	X	X	X	X	X	X

7. LEVANTAMENTO BIBLIOGRÁFICO INICIAL

BARRAL, Welber. Solução de controvérsias no North American Free Trade Agreement (NAFTA). *In*: MERCADANTE, Araminta; MAGALHÃES, José Carlos de. **Solução e prevenção de litígios internacionais**. São Paulo: Capes, 1998. p. 241-264.

____________. **Dumping e comércio internacional**. Rio de Janeiro: Forense, 1999.

____________. Subsídios e Medidas Compensatórias na OMC. In: CASELLA, Paulo Borba; MERCADANTE, Araminta de Azevedo (orgs.). **Guerra comercial ou integração mundial pelo comércio?** São Paulo: LTr, 1998. p. 371-382.

____________. **Tratamiento de las prácticas desleales en los procesos de integración**. Buenos Aires: Comisión Nacional de Comércio Exterior, 1999.

BAUMANN, Renato; LERDA, Juan C. **A integração em debate**. Brasília: Marco Zero, 1987.

BHAGWATI, Jagdish. Preferential trade agreements: the wrong road. **Law and Policy in International Business**, New York, v. 27, n. 04, p. 865-871, Summer 1996.

CASS, Ronald A. Trade subsidy law: can a foolish inconsistency be good enough for government work? **Law and Policy in International Business**, New York, v. 21, n. 03, p. 609-760, 1990.

CAVES, Richard. Industrial policy and trade policy: the connections. In: KIERZKOWSKI, Henrik (ed.) **Protection and competition in international trade**. Oxford: Basil Blackwell, 1987. p. 68-85.

COCUZZA, Claudio; FORABOSCO, Andrea. Are States relinquishing their sovereign rights? The GATT dispute settlement process in a globalized economy. **Tulane Journal of International and Comparative Law**. Chicago, v. 4, p. 161-188, Summer 1996.

CORREA, Carlos M. El código sobre práticas comerciales restáticas comerciales restrictivas en el comercio internacional: examen desde una perspectiva latinoamericana. **Integración Latinoamericana**, Buenos Aires, v. 8, n. 79, p. 23-46, 1983.

CROOME, John. **Reshaping the world trading system**: a history of the Uruguay Round. Geneva: World Trade Organization, 1995.

CUNNINGHAM, Richard; LAROCCA, Anthony. Harmonization of competition policies in a regional economic integration. **Law and Policy in International Business**, New York, v. 27, n. 4, p. 879, Summer 1996.

DIAS, Sérgio. Empresa, Abuso de Poder Econômico, Proteção ao Consumidor. **Revista de Direito Mercantil**, São Paulo, Ano XXX, n. 84, p. 19-33, outubro/dezembro de 1991.

DUNOFF, Jeffrey L. "Trade and": recent developments in trade policy and scholarship – and their surprising political implications. **Northwestern Journal of International law and Business**, Chicago, v. 17, n. 2/3, p. 759-774, Winter/ Spring 1996/97.

FERRAZ JR, Tércio Sampaio. Dumping e Concorrência Externa. **Revista do IBRAC**, São Paulo, v. 1, n. 3, p. 44-98, outubro de 1994.

HABERLER, Gottfried. Strategic trade policy and the new international economics: a critical analysis. In: JONES, Ronald; KRUEGER, Anne (eds.). **The political economy of international trade**. Oxford: Basil Blackwell, 1990. p. 25-30.

HALPERIN, Marcelo. Competencia desleal: criterios para un acuerdo de alcance regional en el marco de la ALADI. **Integración Latinoamericana**, Buenos Aires, v. 5, n. 53, p. 41-9, 1980.

HOEKMAN, Bernard; KOSTECKI, Michel. **The political economy of the world trading system**. Oxford: Oxford University Press, 1995.

HOEKMAN, Bernard; MAVROIDIS, Petros. Competition Policy and the GATT. **The world economy**, London, v. 17, n. 2, p. 121-149, March 1994.

HOEKMAN, Bernard. **Trade and competition policy in the WTO system**. Washington: The World Bank (CEPR Discussion Paper n. 1501), October 1996.

JACKSON, John. Perspectives on regionalism in trade relations. **Law and Policy in International Business,** Chicago, v. 27, n. 4, p. 873-878, Summer 1996.

JUYPER, P. J. The Law of GATT as a special field of International Law. **Netherlands Yearbook of International Law**, The Hague, p. 227-257, 1994.

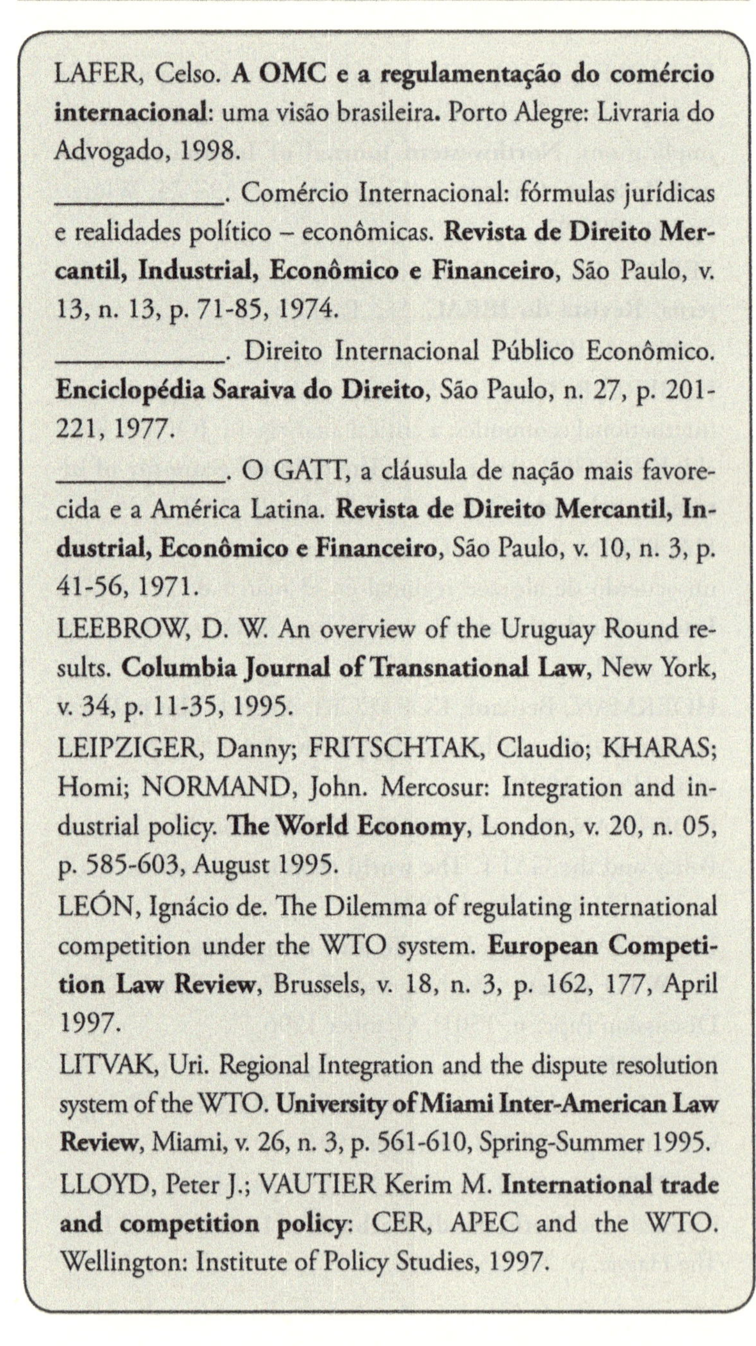

LAFER, Celso. **A OMC e a regulamentação do comércio internacional**: uma visão brasileira. Porto Alegre: Livraria do Advogado, 1998.

____________. Comércio Internacional: fórmulas jurídicas e realidades político – econômicas. **Revista de Direito Mercantil, Industrial, Econômico e Financeiro**, São Paulo, v. 13, n. 13, p. 71-85, 1974.

____________. Direito Internacional Público Econômico. **Enciclopédia Saraiva do Direito**, São Paulo, n. 27, p. 201-221, 1977.

____________. O GATT, a cláusula de nação mais favorecida e a América Latina. **Revista de Direito Mercantil, Industrial, Econômico e Financeiro**, São Paulo, v. 10, n. 3, p. 41-56, 1971.

LEEBROW, D. W. An overview of the Uruguay Round results. **Columbia Journal of Transnational Law**, New York, v. 34, p. 11-35, 1995.

LEIPZIGER, Danny; FRITSCHTAK, Claudio; KHARAS; Homi; NORMAND, John. Mercosur: Integration and industrial policy. **The World Economy**, London, v. 20, n. 05, p. 585-603, August 1995.

LEÓN, Ignácio de. The Dilemma of regulating international competition under the WTO system. **European Competition Law Review**, Brussels, v. 18, n. 3, p. 162, 177, April 1997.

LITVAK, Uri. Regional Integration and the dispute resolution system of the WTO. **University of Miami Inter-American Law Review**, Miami, v. 26, n. 3, p. 561-610, Spring-Summer 1995.

LLOYD, Peter J.; VAUTIER Kerim M. **International trade and competition policy**: CER, APEC and the WTO. Wellington: Institute of Policy Studies, 1997.

MERCADANTE, Araminta de Azevedo. Mercosul: salvaguardas, dumping e subsídios. In: BAPTISTA, Luiz Olavo; MERCADANTE, Araminta de Azevedo; CASELLA, Paulo Borba (orgs.). **Mercosul: das negociações à implantação**. São Paulo: LTr, 1994, p. 179-207.

NICHOLS, Philip. Extension of standing in World Trade Organization disputes to nongovernment parties. **University of Pennsylvania Journal of International Economic Law**, Pennsylvania, v. 17, n. 1, p. 295-325, Spring 1996.

NICOLAIDES, Phedon. The changing GATT system and the Uruguay Round negotiations. In: STUBBS, Richard;UNDERHILL, Geoffrey (eds.) **Political economy and the changing global order.** Houndmills: Macmillan, 1994. p. 230-245.

RIOSECO, Alberto. Evolución jurídica e institucional del GATT. **Integración Latinoamericana**, Buenos Aires, n. 67, p. 35-51, abr. 1982.

SALOMÃO FILHO, Calixto. **Direito Concorrencial** – as estruturas. São Paulo: Malheiros, 1998.

SHELL, G. Richard. The trade stakeholders model and participation by nonstate parties in the World Trade Organization. **University of Pennsylvania Journal of International Economic Law**, Pennsylvania, v. 17, n. 1, p. 359-382, Spring 1996.

STERN, Robert. Conflict and cooperation in international economic policy and law. **University of Pennsylvania Journal of International Economic Law**, Pennsylvania, v. 17, n. 2, p. 539, 547, Summer 1996.

STEWART, Terence; BRIGHTBILL, Timothy. Trade law and competition policy in regional trade agreements. **Law and Policy in International Business**, New York, v. 27, n. 4, p. 937-944, Summer 1996.

TREBILCOCK, Michael J. & HOWSE, Robert. **The regulation of international trade**. London: Routledge, 1994.
ZAMORA, Stephen. International Economic Law. **University of Pennsylvania Journal of International Economic Law**, Pennsylvania, v. 17, n. 1, p. 63-67, Spring 1996.

5. OS ERROS MAIS COMUNS NO PROJETO

Nos últimos anos, o autor deste livro vem listando os erros mais comuns na elaboração do projeto. Após a conclusão do projeto, retorne a essa lista, e veja se você cometeu algum desses erros:

Na Apresentação:

– **título do orientador:** o título correto é Dr. e MSc., para aqueles que de fato houverem conquistados esses títulos;

– **título do trabalho longo demais:** o título proposto deve refletir o problema a ser estudado; mas nem sempre um título longo especifica um problema, e pode sim agregar novas variáveis a serem analisadas;

– **título que foge ao assunto:** o título deve refletir a delimitação do tema, não sendo geral nem específico demais.

Na definição do problema:

– **problema vago:** o problema deve ser tão específico quanto possível; não existe "tema muito delimitado", mas, sim, o contrário;

– **hipóteses destoantes do problema**: as hipóteses secundárias devem ser inferíveis da hipótese principal, e não devem se referir a questões novas.

Na Justificativa:

– **justificativa "política":** a justificativa deve convencer o leitor da relevância científica do trabalho, e não ser mera exposição de interesses políticos do autor.

Na Revisão Bibliográfica:

– **revisão curta demais:** a revisão bibliográfica deve conter uma exposição ampla sobre o instituto estudado;

– **revisão apenas de conceitos clássicos quanto ao tema:** a revisão bibliográfica deve informar o leitor sobre o estado-da-arte do problema proposto;

– **revisão bibliográfica que apresenta apenas o ponto de vista do autor:** a revisão bibliográfica deve apresentar o estado-da-arte, o grau atual de conhecimento sobre o problema, com os argumentos favoráveis e contrários à hipótese apresentada pelo autor;

– **falta de indicação de fonte:** toda afirmação deve estar fundamentada ou deve decorrer do raciocínio exposto pelo autor.

Na Metodologia:

– **falta de especificação do método a ser utilizado:** diga como vai demonstrar sua hipótese.

Na Proposta de Sumário:

– **ausência de proposta de sumário:** pecado capital; a proposta de sumário é um dos principais itens do projeto, e deve ser constantemente atualizado;

– **sumário desconjuntado**: a proposta de sumário deve ser um esqueleto do trabalho, deve prever uma divisão equilibrada dos futuros capítulos;

– **proposta de sumário se inicia com temas correlatos ou amplos demais:** a proposta de sumário deve direcionar para o tratamento do problema, e não retornar às origens do Direito no Capítulo 1;

– **capítulos com uma única subdivisão**: refazer proposta de sumário, incorporando o item em outro capítulo;

– **cronograma não realista**: o cronograma proposto não deve ser apenas para constar, mas deve refletir a evolução real que se espera do trabalho.

No Levantamento Bibliográfico:

– **listagem fora de ordem alfabética:** no Word, pode-se usar o recurso Tabela-Classificar;

– **referências não padronizadas:** consultar regras da ABNT, sobretudo para artigos em revistas.

5.1 APRESENTAÇÃO DE RELATÓRIOS

Durante a execução do projeto de pesquisa, é comum que se exija a entrega de relatórios periódicos, que demonstrem o momento da evolução da pesquisa. Via de regra, esses relatórios são trimestrais ou semestrais, a depender do prazo para entrega do trabalho final. Sobretudo em trabalhos de pesquisa bibliográfica, os alunos devem entregar, como parte do relatório, os capítulos que forem sendo escritos. Não há qualquer problema nisso, mas é importante que o formato do relatório demonstre claramente a evolução da pesquisa e como o aluno tem se dedicado a ela.

Como regra geral, o relatório deve refletir o que foi realizado até então. Sua estrutura deve conter os seguintes elementos:

1. APRESENTAÇÃO
2. RESUMO
3. INTRODUÇÃO
    3.1 Revisão Bibliográfica
    3.2 Objetivos
4. METODOLOGIA
5. DISCUSSÃO
6. CONCLUSÕES
7. RESULTADOS
8. BIBLIOGRAFIA

5.2 APRESENTAÇÃO

Na Apresentação do Relatório, incluem-se os principais dados indicadores da pesquisa: 1.1 Título do relatório; 1.2 Autor; 1.3 Orientador; 1.4 Área de concentração; 1.5 Entidade envolvida; 1.6 Órgão financiador; 1.7 Período da pesquisa.

5.3 RESUMO

Essa parte deve conter, em 200 palavras, os principais dados e objetivos do projeto de pesquisa. O resumo deve ser claro e objetivo, pois o aluno deve ter em mente que o relatório muitas vezes é examinado por um coordenador de pesquisa do curso, que não necessariamente conhece com profundidade o tema do projeto. Ainda, algumas instituições publicam os relatórios para sua comunidade acadêmica. Destarte, o resumo deve ser acessível a esse público.

5.4 INTRODUÇÃO

– Revisão Bibliográfica:

O aluno deve apresentar nesse item a revisão das principais obras consultadas durante o período a que se refere o relatório, identificando os conceitos fundamentais e sua relevância para o resultado final da pesquisa.

– Objetivos:

O aluno deve, aqui, rememorar os objetivos do projeto de pesquisa, identificando se algum desses objetivos já foi alcançado na fase atual em que se encontra a execução do projeto.

5.5 METODOLOGIA

Nesse item, deve-se identificar a metodologia utilizada até então. Se pesquisa bibliográfica, se houve pesquisa de campo, etc.

5.6 DISCUSSÃO

O aluno deve demonstrar aqui como a revisão bibliográfica e a metodologia escolhida foram relevantes para essa fase da pesquisa.

Nesse item, é importante também que o aluno entregue uma versão atualizada da proposta de sumário. Como se disse anteriormente, a proposta de sumário evolui e modifica-se ao longo da pesquisa, e é extremamente relevante que essas modificações sejam discutidas com o orientador.

5.7 CONCLUSÕES

Nessa parte, deve-se condensar as principais conclusões do trabalho realizado até então. Essa parte será relevante no futuro para a conclusão geral do trabalho.

5.8 RESULTADOS

Nesse item, devem constar os resultados acadêmicos eventualmente obtidos, além da elaboração dos capítulos respectivos. Assim, devem ser listados os possíveis artigos publicados pelo aluno, apresentação em congressos, discussões em grupos de pesquisa, etc.

5.9 BIBLIOGRAFIA UTILIZADA

As obras efetivamente lidas e consultadas pelo autor do projeto de pesquisa devem constar dessa última parte.

TÉCNICAS DE PESQUISA

Antes de mencionar algumas questões específicas no que se refere aos cuidados e procedimentos a serem adotados durante a execução da pesquisa, é necessária uma diferenciação conceitual quanto às fontes a serem buscadas. Fonte deve ser compreendida aqui como a informação essencial para a construção do conhecimento sobre o objeto pesquisado.

Em metodologia, é comum a diferenciação entre fontes primárias e fontes secundárias. Fonte primária é o objeto em análise. Assim, numa pesquisa de laboratório, as fontes primárias serão os resultados obtidos a partir da experiência química. Numa pesquisa antropológica, serão os relatórios relativos ao comportamento do grupo social observado.

Mas a pesquisa jurídica fundamentalmente se efetiva por meio de fontes bibliográficas. Assim, num tema relativo à constitucionalidade de uma dada norma, as fontes primárias serão a Constituição Federal e a Lei n. X. Numa monografia sobre o conceito de garantismo na obra de Sérgio Cademartori, as fontes primárias serão as obras daquele autor. Numa pesquisa de campo sobre discriminação de gênero nas varas de família, serão os processos judiciais examinados.

Fontes secundárias, por sua vez, serão os comentários ou análises sobre a fonte primária. É a literatura sobre o tema, os estudos publicados, palestras e conferências onde o autor colheu opiniões sobre o objeto de sua pesquisa.

A primeira consequência dessa divisão conceitual é que não é admissível, numa pesquisa séria, o embasamento argumentativo sobre fontes secundárias. Em outras palavras, o autor da pesquisa deve examinar, inicial e prioritariamente, a fonte primária. A partir dessa análise, é que o pesquisador deve contrastar o conhecimento obtido com as fontes secundárias.

Nesse processo, alguns cuidados são recomendáveis. Em primeiro lugar, não é admissível basear-se em fontes secundárias para asseverar a existência de um dado primário. Um exemplo simples esclarecerá essa afirmação: é comum o pesquisador iniciante escrever que "segundo Fulano, o Estatuto da Criança e do Adolescente determina X". Ora, a norma em questão é a fonte primária do trabalho; o pesquisador deve examiná-la e interpretá-la ele mesmo. Ao socorrer-se de argumento de autoridade, na realidade enfraquece seu papel de intérprete. E isso não é admissível numa pesquisa científica.

O segundo cuidado é o de esgotar a fonte primária. Ou seja, ler cuidadosamente o seu conteúdo, buscando a interpretação que seja cientificamente embasada, e não apenas aquela que satisfaça a hipótese propostas pelo projeto. Por exemplo, se a pesquisa se refere à interpretação do Tribunal de Justiça de Santa Catarina quanto aos direitos da companheira, é importante examinar integralmente os acórdãos, inclusive os votos vencidos, e não restringir-se à ementa.

O terceiro cuidado: manual não é fonte primária; manual raramente sequer é fonte secundária. Por manual, entendem-se os livros didáticos, utilizados ao longo do curso e que contêm uma abordagem inicial e superficial sobre os temas discutidos em cada disciplina. É usual que, ao ler o manual, o aluno tenha seu interesse despertado por um determinado tema ou problema. Entretanto, qualquer pesquisador sabe que a descrição no manual reflete o senso comum entre os juristas, não atentando para exceções e especificidades, que serão demonstradas por qualquer estudo mais aprofundado sobre o tema. Por isso, é extremamente perigoso (e não chique) citar manuais, mesmo como fontes secundárias.

Isso leva a outro questionamento: quantas fontes, primárias e secundárias, devem ser consultadas? A resposta é: todas. Todas as publicações referentes ao problema escolhido devem ser analisadas. Algum leitor de pouca fé logo dirá que isso é impossível. E a resposta será: não, você é que não delimitou bem o seu tema. Claro que, por exemplo, você não conseguirá obter, e nem ler, toda a bibliografia brasileira referente à tutela antecipada. Mas sobre "a tutela antecipada no processo de execução contra a fazenda pública", que é a delimitação do seu tema, sobre isso sim, você deverá ler tudo o que já se publicou. Logo abaixo, veremos como obter essa bibliografia integral sobre um tema.

Outro cuidado, durante toda a pesquisa, refere-se à confiabilidade dos dados obtidos. Esses dados devem ser confiáveis, provir de fontes identificáveis, e devem ser completos. É comum o pesquisador iniciante coletar dados parciais, e depois meter-se num emaranhado de informações contraditórias, ou perder horas preciosas a catar a cidade daquela abominável editora, que ele não anotou no momento devido.

De fato, tomar notas exige determinação e paciência. Todo pesquisador iniciante confia excessivamente em sua memória: ele sempre acha que vai se lembrar de onde tirou aquela citação, onde viu aquele livro, ou em que sítio da internet se pode encontrar esse artigo. Essa confiança excessiva é geralmente frustrada pelos fatos; o volume de informação durante a realização de uma pesquisa é imenso, mais do que pode comportar uma mente humana mediana. E, embora todos saibam que os estudiosos de Direito estão acima da mente humana normal (ou pelo menos parecem crer nisso), não é possível identificar de memória sequer as fontes para um capítulo da monografia.

Será importante, então, em primeiro lugar, manter um método coerente e constante de pesquisa: utilizar a mesma forma de anotação, as mesmas siglas, seguir uma ordem na pesquisa bibliográfica e na pesquisa de bibliotecas, etc.

Uma recomendação especial se refere à coleta e ao armazenamento de dados por meio eletrônico. Em outras palavras, o seu cândido computador não é um ser confiável. Ele terá algum problema durante a consecução da pesquisa – estatísticas mostram que todo computador doméstico tem um problema grave por ano. Por isso, tome cuidado em gravar semanalmente uma cópia de segurança de todos os dados obtidos eletronicamente e, obviamente, dos capítulos redigidos. Lembre-se da Lei de Murphy: se alguma coisa pode dar errado, ela vai dar errado. E normalmente às vésperas da data de entrega do trabalho. Com as novas tecnologias, inclusive de armazenamento em nuvem – já que mesmo o pendrive e o hd externo podem ter problemas – não dá para usar a desculpa do "perdi os dados".

Feitas essas recomendações gerais, examinemos agora três elementos básicos da pesquisa bibliográfica: a biblioteca, os fichamentos e a pesquisa pela internet. Este livro não se dedica à pesquisa de campo e à pesquisa do laboratório, pouco usuais na área de Direito. Caso o leitor necessite desses métodos de pesquisa, recomenda-se a leitura de bibliografia especializada sobre o assunto.[50]

1. A BIBLIOTECA

Durante os primeiros anos escolares, era comum a professora pedir uma pesquisa sobre determinado assunto. O procedimento

---

[50] Veja-se, neste particular, Lakatos e Marconi (1991) e Severino (1986).

adotado pelo aluno, em regra, era ir à casa de algum amigo que tivesse uma enciclopédia, daquelas expostas na sala de jantar, e dali copiar – sem indicar qualquer referência, naturalmente – as informações solicitadas pela professora. A isso chamávamos pesquisa.

Guardadas as devidas proporções, ainda há muitos estudiosos que adotam procedimentos semelhantes. Com um tema em mente, vão para a biblioteca mais próxima e que lhes parece mais completa, vão à estante relativa àquele tema, e ali vão catando os livros que lhes parecem mais pertinentes. Esse procedimento não pode ser chamado de pesquisa. Poderia, entretanto, ser chamado de esperança inabalável na própria sorte. Pois as obras conseguidas nem sempre serão as mais completas, nem as mais atualizadas, nem as que terão maior relevância para o desenvolvimento da pesquisa.

Isso nos leva à regra de ouro no que se refere à pesquisa em bibliotecas: **primeiro, procure a referência; depois é que você irá procurar a publicação**. Ou seja, nunca vá a uma biblioteca sem saber exatamente o que está procurando. Fazer isso é auto-enganar-se, é tentar preencher as vazias tardes de sábado com visitas à biblioteca, ao invés de enfrentar a nefanda página em branco.

A pergunta então deve ser: como encontrar as referências bibliográficas?

2. BUSCA DE REFERÊNCIAS BIBLIOGRÁFICAS

O método mais tradicional para buscar bibliografia sobre um tema específico são as denominadas obras de referência. São publicações periódicas que trazem resumos de trabalhos publicados em cada área de conhecimento. Essas obras normalmente são separadas no setor de referência das bibliotecas.

Atualmente, a busca de referências se tornou mais facilitada pelos meios eletrônicos. São exemplos de meios eletrônicos de pesquisa os bancos de dados.

Muitas bibliotecas adquirem arquivos eletrônicos com sistemas de busca por palavras-chaves, consulte sua biblioteca quanto a essa disponibilidade. Algumas bibliotecas disponibilizam, por meio eletrônico, o catálogo de seu acervo. Mesmo em bibliotecas que sejam bastante completas, não se deve limitar a pesquisa apenas ao catálogo de uma única biblioteca.

O PRODASEN é o banco de dados do Senado Federal, o mais completo do país. Para acessá-lo, é necessária uma senha, que é detida por funcionários das bibliotecas de órgãos públicos. Consulte a bibliotecária de sua universidade quanto à possibilidade de acesso local.

Pode ocorrer que a referência obtida num catálogo eletrônico não esteja disponível nas bibliotecas locais a que você tem acesso. Para isso, foi criado o COMUT, um sistema de intercâmbio entre bibliotecas, para fins de empréstimo de livros ou cópias de artigos de periódicos.

Existem também empresas especializadas na obtenção de cópias de artigos publicados em qualquer lugar do mundo. Evidentemente, isso tem um custo, que deve ser calculado na elaboração do projeto.

Por fim, algumas recomendações quanto à pesquisa em bibliotecas. Primeiro, peça ajuda; o pessoal da biblioteca é, em geral, extremamente solícito na ajuda à pesquisa. Segundo, siga as regras e nunca banque o espertinho; aquele livro que você escondeu na seção de Botânica, com o intuito de tomar emprestado no futuro, nunca mais será encontrado, nem por você nem por outros olhares curiosos. Terceiro, cuidado com as obras emprestadas. Trata-se de patrimônio público ou alheio, e que serve não apenas para você. Quarto, respeite os direitos autorais. A nova lei brasileira é mais rigorosa sobre o assunto,[51] e "a cópia feita por terceiro ou a cópia integral da obra não se beneficiam da isenção legal, estando sujeitos não só à prévia autorização como ao pagamento dos direitos autorais."[52]

3. OS FICHAMENTOS

Uma das indicações mais tradicionais no que se refere às técnicas de pesquisa é o fichamento. Livros de Metodologia mais antigos indicavam inclusive o tamanho das fichas, como deveriam ser condicionadas, dicas para mantê-las, etc.

A verdade é que, após o advento da máquina *xerox* e do computador, o fichamento perdeu muito de sua utilidade ou *glamour* como instrumento para desenvolver a pesquisa científica. A regra atual é: **utilize o método de registro que lhe for mais conveniente**, desde que ele seja eficiente e coerente.

Assim, o que se recomenda quanto às fontes primárias é que elas estejam sempre disponíveis. A legislação específica, a obra examinada, a jurisprudência, dependendo de cada caso, deve estar sobre a mesa de trabalho, devidamente organizada conforme a rotina adotada pelo pesquisador. É pertinente o uso da palavra "rotina", é necessária uma padronização de hábitos no que se refere ao processo de pesquisa. E essa rotina, seja quanto ao espaço, ao horário da pesquisa, de coletar dados, depende das preferências e da disponibilidade do pesquisador.

---

[51] A Lei n. 9.610, de 19.2.98 determina, em seu art. 46, que: "Não constitui ofensa aos direitos autorais: II – a reprodução, em um só exemplar de pequenos trechos, para uso privado do copista, desde que feita por este, sem intuito de lucro; III – a citação em livros, jornais, revistas ou qualquer outro meio de comunicação, de passagens de qualquer obra, para fins de estudo, crítica ou polêmica, na medida justificada para o fim a atingir, indicando-se o nome do autor e a origem da obra."

[52] Silveira, 1998, p. 68.

Por isso, ao aluno é difícil indicar regras imutáveis para a pesquisa. Algumas dicas, porém, podem ser úteis:

– **mantenha um sistema único de registro**: pode ser um caderno de anotações, que o acompanhará à biblioteca, ou quando você pesquisar em banco de dados, ou quando navegar pela internet;

– **tenha sempre um *pendrive* a sua disposição**, que sirva como suporte provisório de arquivos encontrados aleatoriamente; quando chegar em casa, passe esses arquivos para seu computador e, se puder, para um sistema de armazenamento em nuvem;

– **divida o material copiado em pastas**, seguindo o sumário de seu trabalho; ao longo da pesquisa, há um acúmulo interminável de papéis, xerocópias, anotações etc. À medida que esse material for coletado, coloque na pasta relativa àquele capítulo, sob pena de você não encontrar quando efetivamente necessitar dele. O mesmo vale para os fichamentos feitos no computador: salve-os numa pasta específica, fazendo sempre referência ao tipo de fichamento e ao autor/obra, sob pena de perder tempo precioso buscando um arquivo perdido num mar de inutilidades;

– **não tenha preguiça de fazer as anotações fundamentais de cada material pesquisado**; além das referências bibliográficas, anote também onde você obteve aquele material, em que biblioteca, em que sítio da internet ou em que base de dados.

– **aprenda a fazer anotações no texto**: sublinhe as partes mais importantes, anote à margem do livro; isso ajuda a fixar as ideias e a desenvolver sua avaliação do material lido – a não ser evidentemente que o livro não seja seu;

– **faça anotações nas fichas**: caso você opte por fazer um resumo dos livros lidos, coloque entre aspas as transcrições literais do autor, indicando a página respectiva ao final de cada citação; indique suas observações entre colchetes.

4. TIPOS DE FICHAMENTOS

O fichamento continua sendo um recurso valioso para a pesquisa, pois permite condensar tópicos importantes para o trabalho. Além disso, costuma ser exigido principalmente nas fases iniciais dos cursos de Direito, tanto como forma de avaliação como meio de verificar o cumprimento por parte do aluno de exigências de leituras prévias.

No entanto, existem diversos tipos de fichamento, dependendo do objetivo que se busca alcançar. Alguns elementos são comuns a todos eles: i) o cabeçalho, que contém o título do fichamento, a referência bibliográfica completa, e no caso de ser um trabalho de sala, a identificação do autor do fichamento; ii) o corpo do fichamento (no qual se desenvolve o conteúdo da obra fichada), no qual podem ocorrer variações, dependendo do objetivo do fichamento.

Antes de passar para o objetivo e a forma dos tipos de fichamento mais utilizados, é importante ressaltar que seu trabalho ficará muito mais fácil se, ao fazer aos fichamento, você adotar um padrão único, respeitando sempre as normas da ABNT (as mesmas exigidas para o TCC, a dissertação ou tese). Isso porque um fichamento bem feito pode corresponder a um tópico importante de sua pesquisa, podendo ser recortado/colado (função do word) no corpo do texto, lembrando sempre de indicar a autoria.

– **ficha de citação:** aqui, o objetivo é transcrever literalmente trechos significativos da obra estudada, seja ela um livro ou um artigo, por exemplo. Nesse caso, a citação é feita entre aspas, devendo-se sempre indicar a página da obra da qual foi retirada (lembre-se que essas citações podem ser úteis para você ao longo de seu trabalho, e quanto mais bem feito for o fichamento, menos trabalho você terá mais tarde para encontrar as informações que procura). No caso de você suprimir trechos ou palavras no meio da citação, isso deve ser indicado por meio de reticências entre colchetes: [...].

Cabeçalho

Ficha de citação

Título: Direito e Desenvolvimento

Referência: BARRAL, Welber (Org). **Direito e Desenvolvimento: análise da ordem jurídica brasileira sob a ótica do desenvolvimento.** São Paulo: Singular, 2005.

Aluna: Carolina Munhoz

" O que é desenvolvimento? Trata-se de uma palavra de sentido vago, à qual não raramente se agregam diversos adjetivos, como "infantil" ou "regional", como conotações não apenas distintas, mas muitas vezes contraditórias." (p. 31)

– **ficha resumo:** nesse tipo de fichamento, utilizam-se paráfrases, ou seja, sínteses pessoais das principais ideias contidas na obra fichada (o famoso "escreva com suas próprias palavras"). É importante ressaltar a necessidade de conservar sempre o sentido original dado pelo autor. Em todo caso, nada impede que nesse tipo de fichamento sejam inseridas algumas citações, que se entenda sejam representativas do pensamento que se quer retratar.

Cabeçalho

Ficha Resumo

Título: Direito e Desenvolvimento

Referência: BARRAL, Welber (Org). **Direito e Desenvolvimento: análise da ordem jurídica brasileira sob a ótica do desenvolvimento.** São Paulo: Singular, 2005.

Aluna: Carolina Munhoz

O autor inicia o livro questionando o conteúdo do termo desenvolvimento, principal problema que o livro busca analisar. Ressalta que esse termo tem a si atribuídos diversos adjetivos.

– **resenha crítica:** o objetivo aqui é que o autor do fichamento, ao mesmo tempo em que faz um resumo das principais ideias contidas na obra fichada/resenhada, oferece uma opinião pessoal sobre o tema estudado. O posicionamento pessoal pode permear o resumo, ou pode vir consolidado no final do texto.

Cabeçalho

Resenha Crítica

Título: Direito e Desenvolvimento

Referência: BARRAL, Welber (Org). **Direito e Desenvolvimento: análise da ordem jurídica brasileira sob a ótica do desenvolvimento**. São Paulo: Singular, 2005.

Aluna: Carolina Munhoz

A ideia central do livro é discutir a noção de desenvolvimento, analisando a ordem jurídica brasileira a partir da ótica do desenvolvimento. Ao propor esta abordagem, o objetivo dos autores é verificar não apenas de que forma o direito influencia o processo de desenvolvimento, mas também constatar como o direito brasileiro influencia o processo de desenvolvimento nacional.

5. PESQUISA NA INTERNET

A internet foi uma evolução fascinante no que se refere à transmissão de informações. Por isso, a pesquisa em materiais obtidos pela internet tem sido muito mais rica em informações atualizadas e que seriam inacessíveis há alguns anos. Algumas áreas de pesquisa, como é o caso do Direito Internacional, foram beneficiadas pela possibilidade de obter, muito mais imediatamente, documentos e informações.

Mas a internet também tem seus riscos, e não é uma panaceia que resolva todos os problemas da pesquisa. O primeiro risco da internet é a perda de tempo, navegando em sítios eletrônicos (ou *sites*) de questionável utilidade ou credibilidade. A internet se parece com uma imensa biblioteca desorganizada, onde muitas vezes tropeçar com uma fonte importante se dá mais por sorte do que pelo método de pesquisa. O segundo risco é que as informações da internet estão constantemente em mudança, sendo acrescidas e modificadas a depender de cada provedor. Por isso, corre-se o perigo de que a informação não esteja mais disponível no futuro. O terceiro risco é quanto à credibilidade da informação obtida; como qualquer um pode criar um sítio virtual, qualquer coisa pode ser colocada na internet, por mais fantasiosa que seja.

Para diminuir esses riscos, algumas recomendações podem ser valiosas:

– **nunca dependa somente de informações da internet**: sobretudo no que se refere às fontes primárias, confirme a informação;

– **grave ou imprima sempre as informações e arquivos obtidos**: eles podem não estar mais disponíveis amanhã; se a informação for muito importante para sua pesquisa, imprima uma cópia e guarde na pasta respectiva;

– **procure dados em sítios oficiais**: sobretudo quando se basear em estatísticas ou dados sociais, prefira informação de organismos internacionais ou governamentais;

– **desenvolva uma rotina para pesquisar na internet**: anote previamente as palavras-chaves que serão buscadas, liste os mecanismos de busca que você queira utilizar, marque como "favoritos" os que você julga como mais importantes;

– **tenha o equipamento e programas necessários**: para o nível de pesquisa que pretende realizar: tem-se tornado usual a obtenção de arquivos em formato Acrobat (PDF), e alguns órgãos como o STJ divulgam seus documentos em formato Image; esteja seguro de que você tem os programas necessários para ler esses arquivos;

– **tenha sempre um antivírus atualizado**: nunca se sabe o que circula pela internet, e você não vai querer que algum vírus ensandecido apague todo conteúdo do disco rígido de seu computador.

– **participe de listas de discussão**: uma boa forma de intercâmbio de ideias e atualização de informações é participar de listas de discussão virtuais; apenas assegure-se de que é uma lista voltada para a matéria que você estuda, para não ser vítima de informações irrelevantes e correspondência indesejada (*spams*).

As seções a seguir trazem indicações de sítios eletrônicos sobre pesquisa jurídica. A primeira parte se dedica à pesquisa no Brasil, enquanto a segunda parte traz endereços mais conhecidos de Direito Internacional e de Direito Comparado. Uma lista de sítios eletrônicos sempre é arriscada, pois se modificam com muita facilidade, e outros os substituem, com dados mais completos ou mecanismos mais fáceis de serem utilizados (que se denomina normalmente em informatiquês de *user-friendly*). De qualquer forma, espera-se que a lista abaixo possa auxiliar o pesquisador iniciante.

6. PESQUISA ELETRÔNICA NO BRASIL

6.1 PROGRAMAS DE BUSCA

Os programas de busca são onde tradicionalmente se começa a navegar pela internet. O pesquisador deve, entretanto, ter o cuidado de sempre colocar a mesma palavra-chave em todos os programas, para não perder resultados. Outro cuidado é tentar palavras-chaves tão específicas quanto possível, para evitar resultados indesejados. O mais popular é o oráculo: Google (www.google.com.br).

6.2 PORTAIS JURÍDICOS

Algum sítios eletrônicos tentam organizar o conjunto disponível de informações. No Brasil, os portais jurídicos mais conhecidos são:

<www.cadejur.com.br>
<www.delreyonlione.com.br>
<www.jus.com.br>
<www.direito.com.br>
<www.datalegis.inf.br>
<www.juridico.com.br>

A Editora Del Rey <www.livrariadelrey.com.br> é especializada em publicações para comunidade jurídica com obras e assuntos que abrangem todas as áreas do direito.

A Editora Saraiva <www.saraivajur.com.br> construiu um bom portal, com acesso a artigos e jurisprudência.

O <www.tributario.com> é um portal especializado em Direito Tributário.

O sítio <www.academus.pro.br> é um bom local para iniciar a pesquisa sobre eventos da vida acadêmica.

O <www.direitopublico.com.br> concentra informações sobre esse ramo do Direito.

6.3 BASES DE DADOS

Senado Federal <www.senado.gov.br>: a biblioteca do Senado é uma excelente fonte de pesquisa, em livros e periódicos jurídicos; busca por palavra-chave.

Universidade de São Paulo – Bibliotecas <www.usp. br/fd>: é a excelente base de dados das bibliotecas da USP. Procura por livros e por periódicos.

Biblioteca do Congresso dos EUA <http://catalog.loc.gov>: contém imensa catalogação de obras, inclusive brasileiras.

Os sítios das instituições de fomento à pesquisa contêm listagens de publicações e pesquisadores no Brasil, por área de conhecimento e palavras-chaves. O mais completo é o Programa Lattes, do CNPq <www.cnpq.br>.

A CAPES <www.capes.gov.br> vem desenvolvendo mecanismos de acesso a periódicos brasileiros e estrangeiros, nas várias áreas de conhecimento.

O LibDex <www.lidbex.com> organiza os catálogos de bibliotecas do mundo, de acordo com sua localização geográfica.

UnCoverWeb <www.ingenta.com>. Trata-se de uma empresa que fornece artigos de periódicos de todo do mundo. Procura por referências em 25.000 periódicos, publicados desde 1988.

6.4 INSTITUIÇÕES PÚBLICAS

Os órgãos governamentais estão continuamente sofisticando suas páginas de acesso, e maioria oferece a legislação aplicável e processos administrativos. O endereço eletrônico sempre é identificado por <www.sigla.gov.br>:

Ministério da Justiça <www.mj.gov.br> contém uma boa base de legislação.

Ministério da Educação <www.mec.gov.br>

Ministério do Desenvolvimento <www.midc.gov.br>

Agência Nacional do Petróleo <www.anp.gov.br>

6.5 LEGISLAÇÃO EM VIGOR

Além do Senado <www.senado.gov.br>, uma base de dados importante está no Palácio do Planalto <www. planalto.gov.br>.

Os projetos de legislação, com debates parlamentares inclusive, podem ser encontrados no <www.camara.gov.br>.

6.6 JURISPRUDÊNCIA

Para pesquisar jurisprudência, bons mecanismos de busca podem ser encontrados nos sítios oficiais dos tribunais federais e estaduais. Para jurisprudência federal, consulte:

Supremo Tribunal Federal: <www.stf.gov.br>
Superior Tribunal de Justiça: <www.stj.gov.br>
Conselho da Justiça Federal: <www.cjf.gov.br>
Tribunal de Contas da União: <www.tcu.gov.br>

Os tribunais estaduais estão investindo bastante na reformulação de seus sítios e em programas de busca de jurisprudência. Os sítios normalmente são designados por www.tj.sigladoestado.gov.br:

Tribunal de Justiça de Minas Gerais: <www.tjmg. gov.br>
Tribunal de Alçada de Minas Gerais: <www.ta.mg. gov.br>
Tribunal de Justiça de Santa Catarina: <www.tj.sc. gov.br>
Tribunal de Justiça do Rio Grande do Sul: <www.tj.rs. gov.br>

7. PESQUISA EM DIREITO INTERNACIONAL E DIREITO COMPARADO

7.1 PROGRAMAS DE BUSCA

O Google <www.google.com> traz maiores números de resultados por pesquisa.

O MetaCrawler <www.metacrawler.com> combina simultaneamente vários programas de busca.

Northern Light <www.northernlight.com> é bastante útil para pesquisa em sítios internacionais.

Uma dica: alguns sítios de notícias, como o Google News ou o Yahoo, permitem que você selecione alguns termos de pesquisa, que lhe serão notificados imediatamente, se houver publicação de notícia sobre o assunto nos jornais associados. É uma maneira de saber imediatamente de novidades sobre o tema pesquisado.

7.2 PROGRAMAS DE BUSCA EM DIREITO

FindLaw <www.lp.findlaw.com> é um bom programa de busca de sítios relacionados ao Direito.

Legal Engine <www.legalengine.com> contém *links* para uma multiplicidade de informações jurídicas.

O portal <www.people.virginia.edu/~rjb3v/rjb.html> é destinado a Direito Internacional, Relações Internacionais e Política Externa.

Law on SOSIG (Social Science Information Gateway) <www.sosig.ac.uk/law> contém fontes primárias e secundárias de direito internacional, organizações profissionais e sítios de pesquisa.

Em espanhol, <www.elderecho.com> é um portal bastante completo.

Droit.org <www.droit.org> contém informações sobre o direito francês.

7.3 GUIAS GERAIS

O <www.relnet.com> é o mais atualizado sítio brasileiro sobre Relações Internacionais.

"International Law In Brief" é um informativo semanal de atualização sobre Direito Internacional: <www.asil.org >

"What's Online in International Law" é uma coluna periódica da American Society of International Law Newsletter: <www.asil.org >).

Universidade Cornell: A Faculdade de Direito daquela prestigiosa universidade <www.lawschool.cornell.edu > contém informações e guias de Direito Internacional e Comparado.

International Legal Studies Research Guides (Harvard Law School Library): <www.law.harvard.edu/library > é um bom sítio de referência.

LLRX International/Foreign Resource Page < http://www.llrx.com/librarian-resources.htm > contém *links* para periódicos de Direito Internacional.

A Universidade de Chicago <www.lib.uchicago.edu/~llou/forintlaw.html> traz bons guias de pesquisa.

International Law Dictionary & Directory <http://august1.com/pubs/dict/index.shtml> contém definições e *links* para organizações internacionais.

7.4 BASES DE DADOS

A Tarlton Law Library <www.utexas.edu> contém uma base de dados com mais de 750 periódicos estadunidenses e estrangeiros.

University Law Review Project <www.lawreview. org> proporciona a busca de artigos na íntegra na internet.

USC Law School – Electronic Legal Journals Collection < http://weblaw.usc.edu/index.cfm > contém listagem de periódicos em Direito Internacional, alguns deles com acesso integral aos artigos publicados.

Biblioteca da Comissão de Comércio Internacional dos EUA <www.usitc.gov >, contém bibliografia sobre esse tema desde 1970.

RAVE <www.jura.uni-duesseldorf.de/rave/e/englhome.htm> contém referências sobre artigos e jurisprudência de Direito Internacional e de Direito Comunitário.

O Project DIANA <http://diana.law.yale.edu> organiza fontes e referências sobre Direitos Humanos.

Uma outra coleção de revistas de Direito Internacional está em <http://lawschools.findlaw.com/journals/international.html>.

The Constitution Finder <http://confinder. richmond.edu> traz textos de constituições de todo o mundo, em inglês.

The International Constitutional Law Project <www.uni -wuerzburg.de/law/index.html>, da Universidade de Wuerzburg, contém traduções de constituições estrangeiras e comentários.

7.5 ARTIGOS SOBRE PESQUISA NA INTERNET

LOUIS-JACQUES, Lyonette. **How not to waste time on the internet**: efficient use of the internet for legal research. <www.lib.uchicago.edu/~llou/wastenot.html>

WEIGMAN, Stefanie. **Researching non-U.S. treaties.** <www.llrx.com/features/non_ustreaty.htm>.

HOFFMAN, Marci. **Researching U.S. Treaties and Agreements.** <www.llrx.com/features/ustreaty.htm>.

7.6 TRATADOS E CONVENÇÕES

The United Nations Treaty Series <http://untreaty. un.org> é o sítio oficial da Organização das Nações Unidas, com indicação dos Estados que ratificaram o quê?

The Multilaterals Project: <http://fletcher.tufts.edu/multilaterals.html> é um sítio bastante completo da Universidade Tufts, inclusive com tratados históricos.

Treaties and International Agreements <http:www. lib. berkeley.edu/GSSI/trtygde.html>. Preparado pela Biblioteca da Universidade de Berkeley, contém um guia com tratados em que os EUA são partes.

The Australian Treaties Library <www.austlii.edu.au/au/other/dfat/>. Esse site australiano contém o texto integral de quase todo os tratados multilaterais.

Treaties in Force: Publicação anual do Departamento de Estado dos EUA: <www.state.gov/www/global/legal_affairs/tifindex.html>.

7.7 STATUS DE TRATADOS INTERNACIONAIS

Além de conseguir o texto integral dos tratados internacionais, o pesquisador muitas vezes tem de enfrentar o problema de saber quais os Estados que dele são partes.

Um bom sítio informativo sobre o assunto é o da Organização dos Estados Americanos <www.oas.org>, que também traz os tratados de âmbito regional.

O sítio oficial do Mercosul <www.mercosur.org> também atualiza as informações sobre ratificação de acordos regionais.

7.8 ORGANIZAÇÕES INTERNACIONAIS

O World Factbook traz informações sobre organizações internacionais, incluindo lista de siglas: <www. odci.gov/cia/publications/factbook/index.html>.

O Centro de Documentação da Universidade de Michigan <www.lib.umich.edu/libhome/Documents. center/intl.html> contém links para as organizações internacionais.

7.9 UNIÃO EUROPEIA

Os tratados constitutivos da União Europeia podem ser encontrados em: <http://europa.eu.int/abc/obj/treaties/en/entoc.htm>.

EUROPA <http://europa.eu.int/index-en.htm> é o melhor sítio para encontrar documentos e informações sobre o processo de integração europeu.

Documentos sobre o Conselho da Europa podem ser encontrados em: <www.coe.fr>.

7.10 DIREITO INTERNACIONAL PRIVADO

A Base de Dados do Departamento de Estado dos EUA <www.state.gov> inclui informações sobre as negociações em curso sobre Direito Internacional Privado.

O sítio oficial da Comissão das Nações Unidas sobre Direito do Comércio Internacional (UNCITRAL) <www.uncitral.org> traz informações relevantes sobre o tema.

A tradicional Câmara de Comércio Internacional de Paris (CCI) <www.iccwbo.org> deve ser visitada.

7.11 ARBITRAGEM INTERNACIONAL

Sobre arbitragem internacional, uma listagem bastante completa está em <www.lib.uchicago.edu/~llou/intlarb.html>.

ADRWorld.com, <www.adrworld.com> cobre também a evolução recente da arbitragem internacional.

O Instituto T.M.C. Asser <www.asser.nl/ica/indxica.htm>, da Holanda, traz a íntegra das convenções sobre arbitragem e algumas normas estrangeiras sobre o tema.

International ADR <www.internationaladr.com/tc.htm> inclui links para laudos, jurisprudência e fontes complementares.

O sítio <www.arbitration-icca.org/directory_ of_arbitration_website.htm> traz bibliografia comentada sobre arbitragem.

7.12 DIREITO INTERNACIONAL ECONÔMICO

O Guia sobre Fontes de Direito do Comércio Internacional pode ser encontrado em <www.llrx.com/features/trade2.htm>.

Jeanne Rehberg reuniu um guia de fontes em <WTO/GATT Research <www.llrx.com/features/wto2.htm>.

O sítio <worldtradelaw.net> traz as decisões da OMC, com estatísticas e resumos.

Lex Mercatoria <www.lexmercatoria.org> contém tratados, leis-modelos e outros documentos relevantes.

Juris International <www.jurisint.org> é um bom sítio para pesquisar sobre contratos internacionais.

OEA Foreign Trade Information System <www. sice.oas. org/tradee.asp> traz acordos comerciais e regionais, além de decisões de tribunais internacionais.

O Fundo Monetário Internacional <www.imf.org> contém uma excelente base de estatísticas e estudos sobre a Economia Internacional.

O sítio oficial do Banco Mundial <www. worldbank. org> traz estudos e dados sobre o desenvolvimento mundial.

A Organização Mundial do Comércio <www. wto.org> tem um sítio bastante atualizado, com possibilidade de busca de documentos oficiais apresentados pelos Estados Membros.

A Conferência das Nações Unidas para o Comércio e Desenvolvimento (UNCTAD) <www.unctad.org> traz estudos interessantes para os países em desenvolvimento.

O sítio oficial do NAFTA, com os tratados em vigor e decisões arbitrais, pode ser encontrado em <www. nafta-sec-alena. org/english/index.htm>.

Sobre o Mercosul e seus documentos principais, veja-se <www.mercosur.org.uy>. Uma fonte não oficial está em <www. intr.net/mercosur/legal.htm>.

7.13 OUTROS PAÍSES

Cornell Legal Research Encyclopedia: Countries <www.lawschool.cornell.edu/library/encyclopedia/countries> traz informações pelo nome da cada país.

A Universidade de Saarland traz fontes jurídicas de países europeus < www.jura.uni-sb.de/english/euro.html>.

A Universidade de Aberdeen criou um sítio sobre direito romano <www.iuscivile.com>.

O Interamerican Database <www.natlaw.com/database.htm> é uma base de dados, com consulta paga, sobre o direito de países americanos.

LLRX website < www.llrx.com/resources4.htm> traz dados sobre os países de tradição românica.

Global Legal Information Network (GLIN) <http://lcweb2.loc.gov/glin/glinhome.html>, patrocinado pela Biblioteca do Congresso dos EUA, traz resumo da legislação de 35 países.

Argentina: um bom sítio para começar é o da Associação de Advogados de Buenos Aires <www.aaba. org.ar>. A Infoleg <http://infoleg.mecon.gov.ar> traz legislação do Boletim Oficial. Veja-se ainda o Sistema Argentino de Informática Jurídica <www.saij.jus. gov.ar>. Informação sobre jurisprudência pode ser encontrada em <www.elderecho.com.ar>.

7.14 LISTAS DE DISCUSSÃO

A Lista Mercosul (pode-se inscrever em <www. dip.com.br>) vincula grande parte dos estudiosos de Direito Internacional no Brasil.

A Law Lists <www.lib.uchicago.edu/~llou/lawlists/info.html> contém uma listagem das listas de discussão atualmente ativas.

7.15 BLOGS

Uma novidade no mundo virtual é a crescente relevância de páginas pessoais, conhecidos por weblogs ou blogs. Essas páginas se iniciaram como diários abertos ao público, mas ganharam notoriedade por se especializarem cada vez mais em notícias (ou newsblogs) e em matérias especializadas, como direito (ou blawgs). Uma sugestão é sempre manter, na indicação de Favoritos de seu navegador, uma lista de páginas a serem verificadas semanalmente, e que possam trazer notícias ou dicas sobre o tema que está sendo pesquisado.

8. ERROS MAIS COMUNS DA PESQUISA

Na biblioteca:

– **iludir-se que irá encontrar toda a bibliografia necessária em uma única biblioteca**: a pesquisa é um processo longo, que pressupõe a seleção e conhecimento de uma literatura específica; por isso, não se iluda de que a visita a uma única biblioteca poderá resolver todos os seus problemas;

– **procurar aleatoriamente em livros e revistas**: isso será um outro engano, com impactos negativos para sua disponibilidade futura de tempo;

– **deixar de anotar em que bases de dados cada referência bibliográfica foi encontrada**: esse erro normalmente é provocado pelo excesso de confiança na própria memória.

Na leitura e fichamento:

– **ler aleatoriamente as obras coletadas**: metodologia é sobretudo a construção de uma rotina que seja coerente com os objetivos buscados pela pesquisa; portanto, organize a leitura na ordem em que estiver escrevendo os capítulos, não adiantando tentar ler material inútil no momento;

– **tentar ler tudo antes de se começar a escrever**: a parte da redação é sem dúvida a mais difícil da pesquisa, portanto enfrente-a o mais cedo possível; além disso, você não se lembrará de tudo o que leu desde o começo da pesquisa; por isso, vá escrevendo desde o início, capítulo a capítulo;

– **não conseguir esgotar a bibliografia sobre o assunto**: como se disse acima, sobre o tema específico pesquisado espera-se que o pesquisador leia absolutamente tudo; nada mais inútil do que uma coletânea superficial de referências biográficas obtidas em manuais.

Na internet:

– **enganar-se e pensar que vai se lembrar futuramente dos sítios visitados**: sem comentários;

– **não anotar o endereço de onde foi retirado um determinado arquivo**: você provavelmente não mais o encontrará disponível na internet, quando voltar para buscá-lo, depois de longas horas perdidas noite adentro.

REDAÇÃO CIENTÍFICA

O objetivo do presente capítulo é apresentar as regras gerais no que refere ao processo de redação do trabalho científico. Após algumas recomendações gerais, o capítulo abordará o uso de citações, de rodapés, a construção argumentativa, as falácias da argumentação, regras de estilística e regras para se evitar o plágio.

A primeira coisa que se pode dizer da redação científica é que ela deve ser precisa e informativa. Ou seja, deve ser completa quanto à informação transmitida, tem de ser objetiva, e o conhecimento construído deve ser baseado numa operação lógica, fundamentada em argumentos demonstrados. Embora a elegância na redação seja bem-vinda, o que mais interessa no texto científico é a objetividade. Por isso, substantivos e verbos são mais úteis do que adjetivos e advérbios.

A sistemática de redação deve seguir a conveniência de cada pesquisador. Cada pessoa possui um horário, uma mania para cada atividade humana. Entretanto, não use isso como desculpa para postergar o início da redação. Em outras palavras, se você produz melhor pela manhã ou pela madrugada, adapte-se a esse horário, mas não espere seus adoráveis sobrinhos irem para o exército como desculpa para começar a escrever.

Além do que, somente pessoas geniais ou transtornadas mentalmente é que conseguem raciocinar e escrever enquanto o vizinho ensaia com sua banda de *rock* progressivo. Escrever demanda tempo e tranquilidade. Busque preencher essas condições.

Portanto, não fique esperando inspiração. Como se sugeriu alhures, redija capítulo a capítulo, como forma de se obrigar a cumprir o cronograma proposto. Nesse sentido, o método mais eficaz é:

– **prepare o plano do que vai escrever**: rascunhe um esquema das ideias que serão apresentadas, na ordem em que serão apresentadas em cada capítulo;

– **elabore inicialmente a sua análise sobre as fontes primárias**: é comum o pesquisador iniciante achar que deve ler tudo antes de começar a escrever o capítulo. Não faça isso. Elabore sua própria análise a partir das fontes primárias, escreva uma primeira versão, e só depois leia as fontes secundárias. A vantagem desse método é que você já tem uma visão crítica do problema, e selecionará nas fontes secundárias apenas o que for de fato inovador ou desconhecido;

– **escreva tudo o que lhe vier**, mas revise cuidadosamente o rascunho.

1. CITAÇÕES

Em todo o trabalho científico, é comum o uso de citações. Uma citação pode ser definida como a transcrição de um dado. Portanto, a ideia de um autor é uma citação; o artigo de uma lei é citação; a transcrição de uma estatística do IBGE é uma citação. Fundamentalmente, as citações servem para esclarecer e confirmar uma determinada informação. Servirá para esclarecer quando a citação, seja pela clareza do texto, seja pela informação que contém, explica uma determinada ideia. Servirá para confirmar quando o dado contido na citação corrobora uma afirmação feita pelo pesquisador.

O grande risco aqui é confundir uma citação que confirma com um argumento de autoridade. O argumento de autoridade é uma das falácias mais comuns no meio jurídico. Afirma-se que tal coisa é assim porque uma autoridade o disse. Isso é argumento de autoridade. Atente para isto: a citação de um autor ou de uma jurisprudência prova que aquele autor ou aquele tribunal afirmaram X, mas não que X é verdadeiro.

Um segundo risco na citação é obliterar a fonte. A regra é que o pesquisador deve identificar claramente qual é a origem daquela citação. Isso pode ser feito em rodapé, como se verá na seção seguinte. Mas o importante é identificar quais são as ideias do pesquisador e quais foram importadas por meio de citações.

E isso porque nem toda citação é uma transcrição literal. As transcrições literais devem ser indicadas entre aspas (ou em recuo, se acima de 4 linhas). Mas a citação também pode ser feita por paráfrase, quando o pesquisador explica, em suas próprias palavras, as ideias contidas em publicação alheia. Da mesma forma, nesse tipo de citação deve-se indicar a fonte ou autoria, sob pena de se incorrer em plágio.

Ainda sobre citação, algumas recomendações podem ser feitas:

– **evitar citação de citação de fonte primária**: citação de citação é aquela obtida em obra que citou terceira obra (normalmente, indica-se a citação de citação com o uso do *apud*);

– **traduza fielmente citações estrangeiras**: no corpo do texto, deve constar o texto em português; se não houver indicação do tradutor, presume-se que tenha sido realizado pelo pesquisador; também por isso, é importante a fidelidade ao texto original.

– **comentários ou complementos** à citação devem ser feitos entre colchetes, quando inseridos no texto da citação.

Ainda no caso de citação indireta, deve-se atentar para o fato de que a reestruturação das sentenças do autor citado pode significar modificação das ideias originais daquele autor. Se isso acontecer, ou não se está diante de citação ou se deve formular advertência em nota de rodapé.

A quantidade de linhas da citação determina a forma como ela será colocada no texto.[53]

Citações curtas Transcrição com até três linhas.	Devem ser feitas no corpo do texto, entre aspas duplas quando literal, e sem aspas, quando indireta. Quando, no texto citado, o autor tenha utilizado aspas duplas, na transcrição as aspas duplas serão substituídas por aspas simples.
Citações longas Transcrição com quatro linhas ou mais.	Devem ser destacadas com recuo de 4 cm da margem esquerda, com letra menor (Times New Roman 11), sem a utilização de aspas, com espaço simples entre as linhas e sem recuo na primeira linha. No caso de o autor citado ter utilizado aspas duplas, elas devem ser mantidas na transcrição.

- **Existe limite ao tamanho das transcrições?**

A NBR não traça limites ao tamanho das citações. Prevalece a regra do bom senso. Citações muito extensas, porém, podem revelar aspectos negativos no trabalho acadêmico como, *v.g.*, ausência de contribuição pessoal do autor.

---

[53] ABNT, **NBR 10520**.

- **Existe limite à quantidade de citações?**

Trabalhos com citações variadas podem significar a preocupação do autor com a amplitude das fontes pesquisadas. Todo trabalho científico demanda uma boa revisão bibliográfica. Mas isso não significa que o autor do trabalho deva transformá-lo em uma sequência interminável de citações sobre as mesmas coisas, citações sobre informações óbvias e notórias ou citações desnecessárias. Deve prevalecer o bom senso. As citações são instrumentais do trabalho de pesquisa.

Quanto a citações em língua estrangeira, repita-se que as citações no corpo do texto devem ser sempre em português. Caso não haja indicação do tradutor, presume-se que o autor do trabalho tenha feito a tradução. Já as citações nos rodapés não necessitam de tradução.

1.1 SISTEMA DE CITAÇÃO RECOMENDADO

As citações devem ser acompanhadas da indicação do documento em que se obteve a informação citada. Utilizam-se usualmente dois sistemas de citação, o sistema autor-data – em que a indicação bibliográfica é feita no corpo do texto – e o sistema numérico, em que são usadas as notas de rodapé.

Após a última revisão feita pela ABNT nas normas da **NBR 10520**, em agosto de 2002, recomenda-se a utilização do sistema autor-data para as citações – diretas ou indiretas – em notas de rodapé. Qualquer que seja o método adotado, deve ser seguido de maneira uniforme ao longo de todo o trabalho.

Autor-data

– No sistema autor-data, a indicação da fonte contém os elementos essenciais para sua identificação e é feita:

(i) Pelo (a) sobrenome do cada autor (ou nome da entidade responsável), seguido (b) do ano de publicação e (c) da página da citação, separados por vírgula.[54]

Ex.: [3] Bonavides, 2001, p. 98.

[2] Revista Dialética de Direito Tributário, 2000, p. 120.

[3] Receita Federal, 2002, p. 12. A legislação deve ser indicada pelo n. da norma: Ex.:

[12] Lei n. 8.884/94, art. 15.

(ii) Pelo (a) sobrenome de cada autor, separado por ponto-e-vírgula, seguido da vírgula, do (b) ano de publicação e (c) da página da citação, quando a fonte citada tiver até três autores. Se houver mais de três autores, indica-se o sobrenome do primeiro deles, seguido da expressão *et al.* Ex.:

[4] Coelho; Noronha, 1991, p. 45.

[5] Silva *et al.*, 1998, p. 12.

(iii) Quando a citação for de acórdão, decisão monocrática, ou súmula, pela (a) sigla do órgão prolator da decisão (ou da Súmula), seguido do (b) ano de publicação, acrescido de letras minúsculas, em ordem alfabética, logo após a data e sem espaço (a mesma identificação deverá ser feita ao final, nas referências bibliográficas) e (c) da página [se houver]. Ex.:

[6] STJ, 2001c, p. 13.

[7] TJSC, 2002d, p. 14.

(iv) Se houver dois autores com o mesmo sobrenome, acrescentam-se as iniciais de seus prenomes; se, mesmo assim,

[54] As referências completas devem constar no final do trabalho.

persistir a coincidência, os prenomes devem ser colocados por extenso.

Ex.: [6] Gonçalves, M. V. R., 1999, p 89.

[7] Gonçalves, V. E. R., 1998, p. 77.

[8] Barbosa, Cássio, 1965, p. 234.

[9] Barbosa, Celso, 1965, p. 14.

(v) As citações de diversos documentos de um mesmo autor, publicadas no mesmo ano, são acrescidas de letras minúsculas, em ordem alfabética, logo após a data e sem espaço. A mesma identificação deverá ser feita ao final, nas referências bibliográficas. Ex.:

[10] Dworkin, 2001a, p. 161.

[11] Dworkin, 2001b, p. 564.

(vi) As citações de diversos documentos de um mesmo autor, publicadas em anos diferentes e mencionadas simultaneamente, têm suas datas separadas por ponto e vírgula. Ex.:

[31] Wolkmer, 1995, p. 230; 1998, p. 20; 2001, p. 94.

(vii) As citações de diversos documentos de diversos autores, mencionados simultaneamente, devem ser separadas por ponto-e-vírgula, em ordem alfabética.

Ex.: [32] Carrion, 1998, p. 12; Russomano, 1998, p. 40; Santiago, 2000, p. 29; Süssekind, 2002, p. 30.

1.2 ELEMENTOS AUXILIARES NA TRANSCRIÇÃO

São elementos auxiliares na transcrição:

Transcrição literal	Aspas duplas e Aspas simples	Quando a transcrição tiver três linhas ou menos deve ser feita entre aspas duplas. Quando, no texto citado, o autor tenha utilizado aspas duplas, na transcrição serão as aspas duplas substituídas por aspas simples.
Supressões	[...]	As partes suprimidas na citação devem ser substituídas por colchetes e reticências.
Acréscimos ou Comentários	[ ]	Acréscimos e comentários devem ser feitos entre colchetes.
Destaque	(grifou-se)	Destaques ou ênfases devem ser feitos com a utilização de negrito sobre o texto a ser destacado. Neste caso, a expressão (grifou-se) será colocada no final da citação.
	Itálico	Recomenda-se a utilização do itálico apenas para expressões e/ou palavras em outros idiomas. Expressões latinas usuais (id, idem, ibidem etc.) não demandam o uso de itálico.

2. NOTAS DE RODAPÉ

Outro recurso usualmente utilizado na redação científica são as notas de rodapé, que incluem informações complementares ao final de cada página. As regras metodológicas também permitem que essas notas sejam incluídas ao final do trabalho, mas isso não é recomendável, pois dificilmente o leitor as buscará. Além disso, os modernos processadores de texto facilitam a inclusão e a numeração de notas de rodapé. No Word, isso se faz pelo comando editar-inserir nota.

O maior ou menor uso de notas de rodapé tem certo grau de dependência com o estilo de cada pesquisador. Uma regra, entretanto, é fundamental: no rodapé devem vir apenas informações complementares; se se tratar de argumento ou citação essencial para a compreensão do trabalho, ele deve ser inserido no corpo do texto. Você deve partir do pressuposto de que, se o leitor não se detiver no rodapé, ele ainda assim compreenderá a ordem lógica do trabalho.

Fundamentalmente, as notas de rodapé servem para:

– **indicar fontes das citações**: inserindo a referência da bibliografia utilizada;

– **incluir referências bibliográficas de reforço**: além da referência bibliográfica específica da citação, o pesquisador pode querer indicar ao leitor onde esse encontrará outra bibliografia relacionada com aquele assunto específico.

> Ex.: [45] Sobre o assunto, veja-se também Moreira (2001, p. 32), Santos J. (2000, p. 430) e Castro (1999, p. 22). Em sentido contrário, veja-se Pereira, José (1986, p. 22).

Deve-se atentar, contudo, para que o rodapé não se transforme numa demonstração inútil de erudição.

– **incluir versão original do texto estrangeiro**: conforme se mencionou acima, no corpo do texto deve-se escrever em vernáculo, mas o pesquisador pode querer que seu leitor compare o texto que traduziu e a versão original, que será então incluída em rodapé.

– **indicar remissões internas**: em rodapé, o pesquisador poderá indicar que aquele assunto específico será mais bem estudado alhures.

Ex.:[38] Sobre esse problema, veja-se a seção 3.2 desta dissertação.

Dica: inclua sempre o capítulo ou seção, e não o número da página, que certamente mudará na versão impressa da monografia.

No corpo do texto, utiliza-se a chamada de rodapé, o número sobrescrito que remete ao número respectivo ao final da página. As chamadas de rodapé devem ser numeradas continuamente por todo o trabalho, em algarismos arábicos. Recorde-se de colocar a chamada de rodapé no final do texto a que ela se refere, e não depois do nome do autor.

- A ABNT[55] recomenda que não se utilize o sistema de chamada de rodapé para citações, quando houver rodapés utilizados com outros propósitos. Dessa forma, a indicação da fonte da citação deveria ser feita no corpo do texto. Exemplo:

  "O texto do primeiro Código Civil brasileiro ocasionou intenso debate entre Rui Barbosa e Clóvis Bevilacqua (MEIRELLES, 1984b, p. 32)."

O uso de referências no corpo do texto, na área de Direito, é uma penitência. Em nossa área, a profusão de fontes e referências torna o texto ilegível e horroroso. Além disso, a matéria exige um grande número de notas explicativas e remissões internas. Por isso, e malgrado a ABNT, este livro recomenda o sistema numérico de chamadas de rodapé, mesmo quando notas explicativas também constem em rodapé.

- Ainda, a ABNT recomenda que a primeira citação de uma obra contenha a referência completa em rodapé. Novamente, este livro sugere que se ignore essa recomendação. Afinal, o grande número de obras citadas num trabalho jurídico – normalmente fundamentado em pesquisa bibliográfica – criaria um carnaval entre citações completas e resumidas. Por isso,

---

55 **NBR 10520**, de abril de 2011.

recomendamos que, em rodapé, constem somente os dados básicos para a identificação da obra [Autor, Ano, p. x], cuja identificação completa deverá estar nas Referências Bibliográficas.

- Outra discordância com a ABNT: a **NBR 10520** recomenda que o sobrenome dos autores seja grafado em maiúsculas, na indicação de fonte das citações. Ao contrário, e para evitar a apresentação carregada do texto, recomendamos que os nomes de todos os autores sejam escritos em minúsculas, seja em rodapé, seja no corpo do texto.
- Na citação, deve-se incluir a chamada de rodapé após as aspas e o ponto final (quando esse for parte da citação):

  Ex.: "[....] em 2002."[21]

Na redação científica, utilizam-se determinadas siglas e abreviaturas, sobretudo em rodapé, para a indicação bibliográfica. O quadro seguinte explica as mais utilizadas:

apud a partir de (Ex: [57] Viana, 1986 apud Serpentin, 1994, p. 37)

atual. atualizado

ca. (ou **c.**) *circa* aproximadamente, serve para indicar uma data próxima

cf. *comparar com* (uma fonte)

coord. coordenador

e.g. *exempli gratia* por exemplo, deve ser precedido e seguido por vírgula

esp. especialmente (esp. p. 20)

et al. *et alii* e outros

et pas. *et passim* e aqui e ali

et seq. *et sequens* e seguintes (p. 39 et seq.)

Id. *idem* no último autor citado

Ibid. *Ibidem* última obra citada
i.e. *id est* isto é, precedido e seguido por vírgula
in em (usado para designar um capítulo de obra coletiva)
infra abaixo
ipsis litteris nessas exatas letras
loc. cit. *loco citato* no local citado
op. cit. *opus citatum* na obra citada
p. página ou páginas (use "p. 35-36", e não pp.)
passim aqui e ali em, por toda a obra
s.d. sem indicação de data
s.e. sem indicação de editor
s.l. *sine loco* (sem indicação de local da publicação)
sic conforme citação original, apesar de errada
etc. *Et cetera*
veja-se: indica bibliografia nesse sentido
Contra: indica posicionamento em sentido contrário

Ainda sobre siglas, observa-se que:

– deve ser incluído o texto inicialmente por extenso, incluindo a sigla entre parênteses. No resto do texto, deve-se utilizar somente a sigla.

> Ex.: "[...] no estudo inicialmente elaborado pela Superintendência de Desenvolvimento do Nordeste (Sudene)".

– se houver um grande número de siglas do trabalho (mais de quinze), recomenda-se a elaboração de uma lista de siglas, que será incluída no início do trabalho.

– não se deve usar pontos na sigla (OMS e não O.M.S.).

3. ARGUMENTAÇÃO

Ao elaborar o trabalho científico, o pesquisador construirá uma argumentação, que deverá ser embasada no raciocínio construído ao longo do texto. A argumentação científica difere do argumento técnico (uma petição, por exemplo) no sentido de que o pesquisador deve seguir padrões mais rígidos para evitar falácias da argumentação e também deverá refutar as oposições a sua argumentação. Nesse sentido, o documento científico deve ser claro, acessível para a audiência pretendida, e ordenado em suas ideias. Ao elaborar sua argumentação, a principal tarefa do pesquisador será fugir das falácias que são comuns na linguagem técnica e na linguagem coloquial.

A identificação e refutação de falácias é normalmente estudada em Lógica. No meio jurídico, as falácias mais comuns são:

a) falácia de autoridade (ou *magister dixit*):

Certamente, é a falácia mais comum no meio jurídico. Ocorre quando uma afirmação é baseada acrítica e unicamente na opinião de uma autoridade. Na pesquisa científica, há autores e não autoridades. Repita-se: citar uma obra demonstra o que aquele autor disse, mas não a pertinência nem a veracidade do que foi afirmado.

O mesmo pode ser dito de decisões jurisprudenciais, e aqui é necessária uma diferenciação entre a tarefa do pesquisador e a tarefa do operador jurídico. Quando apresenta uma apelação, o advogado cita decisões de tribunais superiores. Além de apresentar um argumento de autoridade, ele também está apresentando uma argumento técnico: "se esse Tribunal não decidir como interessa a meu cliente, poderei reverter essa decisão nos tribunais superiores". Não se discute aqui a pertinência científica da decisão dos tribunais superiores, apenas o posicionamento favorável ao cliente.

Na pesquisa científica, a abordagem é evidentemente distinta. Citar uma súmula do STF prova a existência do posicionamento jurisprudencial naquele sentido, mas não a correção científica desse posicionamento. O trabalho científico inclusive pode ter por objeto justamente uma crítica à esse posicionamento do STF.

Assim, o que se espera do pesquisador é o diálogo com suas fontes secundárias, a revisão crítica de conceitos de posicionamento, e não a macaquice subserviente a supostas autoridades.

b) falácia da força (*argumentum ad baculum*):

Aqui, uma parte não discute a veracidade de uma opinião, mas ameaça destruir o emissor com seu poder.

c) falácia da ignorância (*argumentum ad ignorantiam*):

O emissor argumenta que algo é o verdadeiro porque ninguém provou sua falsidade, ou que algo é falso porque ninguém provou sua veracidade. A falácia está justamente no fato de que quem alega é que deve provar.

d) falácia de popularidade (*argumentum as populum*):

Aqui, o emissor apela para a opinião popular para fundamentar uma determinada conclusão. Exemplo: "a música sertaneja é de bom gosto porque é a preferida pelo povo" (Bem, em Roma o povo adorava ver cristãos serem deglutidos por leões).

e) falácia de piedade (*argumentum ad misericordiam*):

O emissor apela para o sentido emocional do destinatário, malgrado os fatos apresentados. No meio jurídico, é muito comum no tribunal do júri e entre alunos com prazo para entregar monografia.

f) falácia de causação:

Pretender que o fato é consequência de outro, sem demonstrar a relação causal ("Quando as mulheres não votavam, havia menos corrupção no Congresso").

g) falácia de acidente:

Generalizar uma afirmação a partir de um fato isolado ("Todo empregado quer trabalhar menos, como é o caso do nosso zelador").

h) falsa dicotomia:

Dividir o posicionamento em apenas duas alternativas antagônicas ("ou você apoia a reforma do judiciário ou quer favorecer o crime organizado").

i) ataques ao emissor (*argumentum ad hominem*):

Aqui, não se discute a pertinência do argumento, e sim o caráter de seu emissor ("Esta acusação de corrupção não pode ser levada a sério, porque o acusador é um péssimo pai de família").

j) falácia de retribuição (*tu quoque*):

Desmerecer o argumento porque o emissor também praticou a ação questionada ("o Ministro quer aumentar a idade de aposentadoria, mas ele também se aposentou jovem").

k) falácia do jogador:

Acreditar que se ocorreu pouco no passado, deverá ocorrer mais no futuro, ou vice-versa ("A companhia aérea BAM será segura na próxima década, pois teve treze acidentes nos últimos anos, e cada companhia aérea tem em média dois acidentes por década").

l) falácia de pragmatismo:

Afirmar que algo é verdadeiro em razão de suas consequências ("Este tributo é constitucional, pois caso contrário haverá *déficit* na balança comercial").

m) falsa analogia:

Comparar dois termos que não têm a mesma substância. Um caso especial de falsa analogia se refere ao uso da palavra "direito" que, conforme se mencionou em outro capítulo, é um conceito análogo, que pode significar norma, justiça, ciência, o fato social ou direito subjetivo. Daí não ser pertinente contestar uma argumentação normativa utilizando-se, por exemplo, do direito como justiça.

Exemplo: "Deputado, Vossa Excelência acha direito seu salário equivaler a cem salários mínimos?" [direito como justiça] – "sim, meu querido eleitor, é direito porque acumulei quinquênios, biênios e férias-prêmio" [direito como direito subjetivo].

4. ESTILÍSTICA

Uma parte bastante interessante na redação do trabalho científico é a identificação do estilo da redação. Obviamente, questões de estilo são dependentes de preferências pessoais e de fatores subjetivos de cada autor. Alguns estilos são inconfundíveis, e representam a marca dos grandes escritores.

Da mesma forma, o estilo do texto também varia em relação à audiência a que se destina. Mais ou menos formal, mais ou menos coloquial, são características a serem determinadas considerando-se quem terá acesso futuro ao texto.

Portanto, não se pretende aqui determinar regras inflexíveis quanto ao estilo a ser utilizado na redação do trabalho científico, e sim apresentar algumas recomendações, considerando-se a audiência pretendida e os objetivos do texto científico.

Em primeiro lugar, qual é a audiência? Isso determinará o nível de linguagem a ser utilizado. Um exemplo ilustrará o que se menciona como nível de linguagem: nosso hipotético Luís Borborema, aluno de Direito, acorda pela manhã, dá instruções ao jardineiro de seu edifício, encontra-se com o gerente do seu banco, participa de uma audiência no fórum local, e assiste aulas ao final do dia. Em cada uma dessas atividades, automaticamente, ele ajusta seu nível de linguagem ao interlocutor: direto e coloquial (jardineiro), negociador e objetivo (gerente do banco), formal e solene (audiência judicial) e técnico e didático (aula). Na linguagem falada, a adaptação do nível de linguagem é realizada com maior facilidade e de forma inconsciente.

Essa operação se torna mais difícil na linguagem escrita. As pessoas têm maior dificuldade em identificar o nível de linguagem apropriado, justamente porque descuidam da audiência pretendida. Não é incomum, sobretudo de juristas, receber correspondência pessoal com alto grau de formalismo.

Assim, o pesquisador deve imaginar que sua audiência será composta de juristas com conhecimento genérico sobre o tema abordado em seu trabalho. Ou seja, não são leigos, nem especialistas. Em decorrência, a linguagem utilizada deverá evitar conceitos básicos e, ao mesmo tempo, explicar a terminologia específica do trabalho.

Um exemplo esclarecerá o que se afirma no parágrafo anterior: imagine que sua monografia versa sobre as alterações no Código Florestal Brasileiro e seus impactos para a floresta tropical. Na mesma semana, você deve concluir a monografia, ao mesmo tempo em que vai mandar um artigo sobre o assunto para o jornal local, e apresentar um *paper* no Congresso Brasileiro de Direito Florestal. No caso do artigo para o jornal, trata-se de um texto curto, de 40 linhas, destinado ao público geral. Você terá que ser superficial, simples e apresentar bastante objetivamente suas ideias. No caso do congresso, trata-se de uma reunião de especialistas, para quem são totalmente dispensáveis conceitos básicos da matéria, e você deverá apresentar diretamente a tese proposta.

Contudo, é para o terceiro grupo que se destina sua monografia. Serão juristas, de quem você não deve presumir conhecimentos particulares sobre o tema. Você apresentará a origem da legislação, seus principais conceitos, os fundamentos para as ideias que você sustenta, para, ao final, apresentar sua hipótese, com maior didatismo e clareza.

Uma vez identificada a sua audiência, importa também recapitular os objetivos do texto científico, para a definição do estilo a ser utilizado. Seu trabalho se destina fundamentalmente a transmitir conhecimento. Com este objetivo em mente, pode-se afirmar que o texto deve concentrar-se em ser **claro, objetivo e didático**. Para isso, a primeira providência é omitir palavras desnecessárias. Lembre-se: concentre-se em substantivos e verbos, a insistência em adjetivos e advérbios caracteriza a pompa oratória.

De fato, a principal crítica a que se pode fazer ao estilo dos pesquisadores da área de Direito é a afetação retórica. Compreende-se como afetação retórica o discurso grandiloquente, adjetivado, rico em efeitos sonoros e geralmente pobre na elaboração de ideias substanciais. É o indivíduo que redige uma monografia como se fosse um discurso de formatura. Nada contra arroubos oratórios, mas eles têm seu momento devido. Extrapolá-lo para o texto científico, que deveria ser conciso e claro, é não ter consciência da audiência nem dos objetivos do texto.

Por isso, concentre-se na clareza de ideias, explique bem a hipótese central do texto, elimine palavras ambíguas. Acostume-se a **pedir a um colega que leia seu texto**. Muitas vezes, o que parece óbvio para nós – e para nosso orientador – é incompreensível para outros olhos. Ofereça-se também para ler o texto de seu colega: por vezes, aprendemos muito com erros alheios.

Para evitar cacofonia e trazer maior clareza ao texto, habitue-se a **ler em voz alta**. Faça isso, sobretudo, com a introdução e com a conclusão do trabalho.

Escreva todas as ideias que lhe vierem, mas como rascunho. **Revise, revise, revise.** Se você tem dificuldades ortográficas, mande o primeiro capítulo, assim que estiver pronto, para um revisor profissional, e estude as correções que ele fizer. Isso evitará a repetição de erros gramaticais futuros.

Tenha sempre à mão um bom **dicionário** de português. Nosso idioma, por mais sonoro que seja, guarda muitas armadilhas em sua ortografia.

Ainda sobre estilística, outras recomendações específicas podem ser feitas:

– use o verbo sempre no **impessoal**, e por várias razões: deixa o texto mais elegante, cria maior isenção entre o pesquisador e o texto, evita a variação entre singular e plural; prefira, portanto, a forma "pretende-se", "conclui-se", "este trabalho tem por objeto", etc. Se for necessário mencionar sua pessoa, e escreva "o autor deste trabalho".

Algum gênio loquaz poderá observar que o presente livro não está escrito no impessoal. É um bom exemplo de objetivo do texto. Este livro pretende ser coloquial, acessível, e cativar um leitor normalmente reticente à leitura de Metodologia. Daí o uso de "você, nós", de ironia e coloquialismos. Mas esse não é o mesmo objetivo do texto científico.

– **defina os termos centrais** de seu trabalho, deixando claro desde o início para o leitor a que instituto ou fenômeno você se refere, e em qual significado esse instituto deve ser compreendido.

– **use conetivos interfrásicos**, que dão maior fluidez à leitura. Exemplos:

- adição (*v.g.*, ao lado disso, além disso, em adição, assim que);
- comparação (em contraste, no mesmo sentido, ao invés de, da mesma forma, de outro lado, neste sentido, similarmente, de forma oposta, ao mesmo tempo, subsequentemente, então);
- contradição (mas, ao invés de, contudo, apesar disto, e mesmo se, diferentemente, em contraste);
- exemplo (por exemplo, nomeadamente, especificamente, para ilustrar);
- ênfase (de fato, claro, até, aliás, especialmente importante, frequentemente, mesmo quando, obviamente, neste contexto);
- explicação (em outras palavras, exposto em outra forma, ou seja, essencialmente);
- exceção (mas, contudo, entretanto, apesar de, de outro lado);
- generalização (em regra, usualmente, em grande parte, geralmente, ordinariamente, usualmente, adicionalmente, novamente, também, tanto quanto, ao lado, ainda mais);

- condensação (brevemente, em balanço, assim, destarte, por essa razão, como se observou anteriormente);
- consequência (portanto, em razão disto, assim, como resultado, por essa razão, desta forma);
- conclusão (como resultado, portanto, então, consequentemente, em conclusão, no final, numa análise final, em conjunto, em suma).

– **prefira frases curtas**: frases longas dificultam a leitura, e exigem formas gramaticais mais elaboradas; como regra geral, prefira frases com menos de quatro linhas.

– **utilize a terminologia oficial**: consulte a fonte primária, e utilize exatamente os termos constantes nela. Assim, por exemplo, se num tratado internacional consta "Estado Membro", use este termo (e não "Estado Parte" ou "Estado Signatário", que podem significar situações distintas). Uma parcela relevante do trabalho do operador jurídico é de caracterizar e denominar corretamente um instituto – e faz muita diferença se é um "homicídio" ou um "infanticídio", por mais que se assemelhem para o leigo.

– **atente para o sexismo e o politicamente incorreto**: ainda não há no Brasil a obsessão politicamente correta de alguns países anglófonos, mas observe se sua instituição tem alguma regra sobre essa matéria. Algumas instituições, por exemplo, recomendam utilizar "direitos humanos" ao invés de "direitos do homem" ou "afrodescendentes" ao invés de "negros". Mesmo que tais regras não existam em sua instituição, atente para que seu texto não ofenda suscetibilidades étnicas ou religiosas alheias.

Última recomendação: **leia grandes autores**, inclusive de literatura. É fato comprovado que quem lê pouco, fala e escreve miseravelmente. Quando começar a escrever seu trabalho, leia algo de Machado de Assis. Perceba o uso exato e elegante nas palavras de quem melhor se utilizou do português falado no Brasil.

Você também pode fazer um exercício. Descreva o que chama a sua atenção, e o que lhe causa repulsa, quando lê um texto científico. Você terá um parâmetro de recursos de redação a serem adotados e de exageros estilísticos a serem evitados.

Se essas são as recomendações gerais, pode-se também listar algumas recomendações quanto ao que não deve ser utilizada na redação:

– **evite reticências e pontos de exclamação**: são recursos perfeitamente cabíveis no texto literário, mas que fogem à inteligibilidade requerida do texto científico.

– **não escreva ironias**: normalmente, numa ironia se diz algo pretendendo mencionar o contrário; se é bastante perceptível na linguagem falada, a ironia pode contudo tornar o texto ambíguo, sobretudo se lido muito rapidamente.

– **evite neologismos e vanguardismos**: utilize vocabulário acessível à sua audiência, resistindo à tentação de externar seu lado artístico no que deve ser também um trabalho formal. Não invente palavras novas, não invente moda. Para você, a regra é "*quod non est in Aurelius, non est in mundus*".

– **fuja do anglicismo**: prefira sempre o vernáculo quando houver palavras correspondentes. Quem fala "*performance*" no lugar de "desempenho" deve ter latão no ouvido. As exceções são as palavras estrangeiras incorporadas ao vocabulário jurídico (habeas corpus, data venia) e as palavras incorporadas ou para as quais não haja tradução (cláusula de *hardship*, de shopping center, dumping). Nesses exemplos, as últimas palavras não foram escritas em itálico porque já foram incorporadas ao vernáculo.

– **evite obscuridade acadêmica**: alguns pesquisadores parecem acreditar que quanto mais complicado escrevem, mais profundo parecerá. Assim o texto só será acessível aos iniciados. Essa conduta afronta o principal objetivo do texto científico, que é a transmissão do conhecimento. Quem não consegue transmitir claramente uma ideia, para uma audiência conhecedora dos termos básicos da matéria, ou não sabe do que está falando, ou se esconde no texto hermético para evitar que seus erros sejam percebidos.

– **fuja do jargão acadêmico e do jargão jurídico**: há algum tempo, o autor deste livro participou de um congresso em São Paulo, onde uma das palestrantes abusava de jargões e linguagem hermética; ela falava da "clivagem entre o concreto do cotidiano e a leitura maximalista da realidade desejada, em sua dimensão de assimetria entre a alteridade e o discurso legitimatório da subordinação" ou coisa parecida. Evidentemente, este é o texto do acadêmico presunçoso, cujas ideias – se é que existem – jamais atingirão sua audiência.

Ao lado do jargão acadêmico, há o jargão jurídico, que se manifesta em expressões como *data venia*, "diante do exposto". Gaste essas expressões em petições e recursos; elimine-as na monografia.

– **evite lugares-comuns e expressões ideologizadas**: lugares-comuns são frases feitas, que não acrescentam qualquer ideia nova ao texto. São exemplos: "a evolução do direito recente está caracterizada pela globalização", ou "o direito é o resultado da luta de classes". E daí?

– **suprima elogios infundados**: isso é muito comum nos textos jurídicos, e é uma decorrência da afetação retórica que tenta reforçar o argumento de autoridade. Se isso é admissível no discurso de formatura, deve ser totalmente suprimido no texto científico. Nenhum autor é "saudoso", "ínclito", nem "venerando". O argumento científico deve ser válido independentemente de seu emissor.

Isso leva a outra assertiva, no momento da pesquisa. Engana-se quem julga que deve fazer pesquisa somente baseada em supostos grandes nomes da ciência jurídica. Repita-se: o que interessa em ciência é o argumento e sua fundamentação. Se um argumento relevante está na monografia de seu colega do semestre passado, você deve citá-lo.

– **suprima alcunhas não técnicas**: da mesma forma e pelas mesmas razões acima, não invente sinônimos para termos técnicos. Quem assinou a Carta Magna foi o rei inglês João Sem Terra (o Brasil tem é Constituição), quem tem Suprema Corte são os Estados Unidos (o Brasil tem Supremo Tribunal Federal). Chamar o Código de Processo Civil de "Pergaminho Adjetivo" é equivocado e ridículo. Use o termo técnico aplicável. Se sua intenção é evitar a repetição do termo, use a sigla correspondente (CF/88, STF, CPC).

5. UMA VISÃO IRÔNICA DA PESQUISA

O texto abaixo foi elaborado pelo historiador José Murilo de Carvalho, e ridiculariza o texto afetado dos acadêmicos.[56] É um bom exemplo de como o exibicionismo de jargões e de citações de autoridade são utilizados para tentar esconder a ausência de conteúdo.

Como escrever a tese certa e vencer:

José Murilo de Carvalho

Ter que fazer uma tese de doutoramento na incerteza de como será recebida e na insegurança quanto ao futuro da carreira é experiência traumática. Quando passei por ela, gostaria de ter tido alguma ajuda. É esta ajuda que ofereço hoje, após 30 anos de carreira, a um hipotético doutorando, ou doutoranda, sobretudo das áreas de humanidades e ciências sociais. Ela não vai garantir êxito, mas pode ajudar a descobrir o caminho das pedras.

Dois pontos importantes na feitura da tese ou na redação de trabalhos posteriores: as citações e o vocabulário. Você será identificado, classificado e avaliado de acordo com os autores

[56] Carvalho, 1999, p. B3. O Autor agradece ao professor José Murilo de Carvalho pela autorização para utilizar a presente crônica.

que citar e a terminologia que usar. Se citar os autores e usar os termos corretos estará a meio caminho do clube. Caso contrário, ficará de fora à espera de uma eventual mudança de cânone, que pode vir tarde demais. Começo com os autores. A regra no Brasil foi e continua sendo: cite sempre e abundantemente para mostrar erudição. Mas, atenção, não cite qualquer um. É preciso identificar os autores do momento. Eles serão sempre estrangeiros. No momento, a preferência é para franceses, alemães e ingleses, nesta ordem. Cito alguns, lembrando que a lista é fluida. Entre os franceses, estão no alto Ricoeur, Lacan, Derrida, Deleuze, Chartier, Lefort. Foucault e Bourdieu ainda podem ser citados com proveito. Quem se lembrar de Althusser e Poulantzas, no entanto, estará vinte anos atrasado, cheirará a naftalina. Se for para citar um marxista, só o velho Gramsci, que resiste bravamente, ou o norte-americano F. Jameson. Entre os alemães, Nietzsche voltou com força. Auerbach e Benjamin, na teoria literária, e Norbert Elias, em sociologia e história, são citação obrigatória. Sociólogos e cientistas políticos não devem esquecer Habermas. Dentre os ingleses, Hobsbawm, P. Burke e Giddens darão boa impressão. Autores norte-americanos estão em alta. Em ciência política, são indispensáveis. R. Dahl ainda é aposta segura, Rorty e Rawls continuam no topo. Em antropologia, C. Geertz pega muito bem, o mesmo para R. Darnton e H. White em história. Não perca tempo com latino-americanos (ou africanos, asiáticos, etc.). Você conseguirá apenas parecer um tanto exótico. Da Península ibérica, só Boaventura de S. Santos e para a turma de direito. Brasileiros não ajudarão muito, mas também não causarão estrago se bem escolhidos. Um autor brasileiro, no entanto, nunca poderá faltar: seu orientador ou orientadora. Ignorá-lo é pecado capital. Você poderá ser aprovado na defesa da tese mas não terá seu apoio para negociar a publicação dela e muito menos a orelha assinada por ele. Se o orientador não publicou nada, não desanime. Mencione uma aula, uma conferência, qualquer coisa.

O vocabulário é a outra peça chave. Uma palavra correta e você será logo bem visto. Uma palavra errada e você será esnobado. Como no caso dos autores, no entanto, é preciso descobrir os termos do dia. No momento, não importa qual seja o tema de sua tese, procure encaixar em seu texto uma ou mais das seguintes palavras: olhar (as pessoas não veem, opinam, comentam, analisam, elas têm um olhar); descentrar (descentre sobretudo o Estado e o sujeito); desconstruir (desconstrua tudo); resgate (resgate também tudo o que for possível, história, memória, cultura, deus e o diabo, mesmo que seja para desconstruir depois); polissêmico (nada de 'mono'); outro, diferença, alteridade (é a diferença erudita), multiculturalismo (isto é básico: tudo é diferença, fragmente tudo, se não conseguir juntar depois, melhor); discurso, fala, escrita, dicção (os autores teóricos produzem discurso, historiadores fazem escrita, poetas têm dicção); imaginário (tudo é imaginado, inclusive imaginação), cotidiano (você fará sucesso se escolher como objeto de estudo algum aspecto novo do cotidiano, por exemplo, a história da depilação feminina); etnia e gênero (essenciais para ficar bem com afro-brasileiros e mulheres); povos (sempre no plural, "os povos da floresta", "os povos da rua", no singular caiu de moda, lembra o populismo dos anos 60, só o Brizola usa); cidadania (personifique-a: a cidadania fez isso ou aquilo, reivindicou, etc.). Para maior efeito, tente combinar duas ou mais dessas palavras. Resgate a diferença. Melhor ainda: resgate o olhar do outro. Atinja a perfeição: desconstrua, com novo olhar, os discursos negadores do multiculturalismo. E assim por diante.

Como no caso dos autores, certas palavras comprometem. Você parecerá *démodé* se falar em classe social, modo de produção, infraestrutura, camponês, burguesia, nacionalismo. Em história, se mencionar descrição, fato, verdade, pode encomendar a alma.

Além dos autores e do vocabulário, é preciso ainda aprender a escrever como um intelectual acadêmico (note que acadêmico não se refere mais à Academia Brasileira de Letras, mas à universidade). Sobretudo, não deixe que seu estilo se confunda com o de jornalistas ou outros leigos. Você deve transmitir a impressão de profundidade, isto é, não pode ser entendido por qualquer leitor. Há três regras básicas que formulo com a ajuda do editor S.T. Williamson. Primeira: nunca use uma palavra curta se puder substituí-la por outra maior: não é 'crítica' mas 'criticismo'. Segunda: nunca use só uma palavra se puder usar duas ou mais: 'é provável' deve ser substituído por 'a evidência disponível sugere não ser improvável'. Terceira: nunca diga de maneira simples o que pode ser dito de maneira complexa. Você não passará de um mero jornalista se disser: 'os mendigos devem ter seus direitos respeitados'. Mas se revelará um autêntico cientista social se escrever: 'o discurso multicultural, como ser desconstrutor da exclusão, postula o resgate da cidadania dos povos da rua'.

Boa sorte.

6. REVISÃO

6.1 QUESTÕES PARA A REVISÃO

Como já se afirmou, a fase de revisão é fundamental para dar maior coerência e inteligibilidade ao texto. Deixe transcorrer uma semana entre a redação e a revisão do texto, e verifique se os seguintes itens foram atendidos:

– **o texto tem unidade e coerência**: Existe uma ordem lógica na exposição das ideias? Há uma fluidez de ideias, que leve naturalmente à conclusão pretendida? Há correlação entre este capítulo e os capítulos anterior e posterior? É necessário mudar a ordem de alguma seção? Há remissões internas, dizendo que aquele problema será tratado em momento posterior?

– **o texto é completo e objetivo**: Foram abordados todos os detalhes relacionados diretamente ao problema? Há alguma omissão relevante? Foram recapituladas as principais oposições encontradas na literatura específica? Foram eliminadas as informações desnecessárias e alheias ao problema? Foram retiradas as expressões retóricas e dispensáveis?

– **as ideias são claras e inteligíveis**: O texto é compreensível para alguém não iniciado na matéria? Há alguma obscuridade na explicação do problema?

– **os termos centrais foram definidos**: Qual é exatamente o objeto de sua pesquisa? Como esta monografia entende este instituto? Qual a diferença de institutos jurídicos similares? Quais são as variáveis dependentes deste instituto, e como se relacionam?

– **a parte gramatical está correta**: Foi revisada a ortografia? Há erros de concordância verbal? Não houve variação entre presente e pretérito dos verbos?

– **a parte de formatação e metodologia está correta**: As citações estão formatadas corretamente? Há correta indicação de fontes e de referências bibliográficas?

6.2 EXEMPLO DE REVISÃO

Os textos abaixo são exemplos de correspondência remetida a orientandos, e que exemplificam os equívocos mais comuns na revisão do texto científico. O tom propositadamente severo se destina a convencer os orientandos de que, sem dedicação e disciplina, não é possível a conclusão de um trabalho científico de qualidade. Os dois casos tiveram finais felizes: os alunos apresentaram o trabalho no prazo e receberam boas avaliações.

Prezado Aluno,

Mandei-lhe o texto corrigido pelo correio, com muitas correções.

Vou ser muito, muito sincero. Sem que você pare tudo e se dedique seriamente à dissertação, acho muito difícil que você conclua um trabalho com o mínimo de qualidade, no prazo que lhe resta.

A elaboração de uma dissertação ainda precisa ser começada: falta muita pesquisa de literatura, falta pesquisa de jurisprudência, falta até verificar se as fontes primárias citadas ainda estão em vigor.

Caso você esteja disposto a isto, peço que você leia com atenção o texto que lhe remeto anexo, e que considere a proposta de sumário que lhe mando.

Sugiro que você contrate também um pesquisador/estagiário para ajudá-lo, além de um revisor de ortografia.

Estou sendo bastante sincero e direto. Por isso, deixo-o à vontade para mudar de orientador, se você não concordar com minhas ponderações, ou julgue que pode continuar nessa linha de trabalho. Neste caso, terei que desistir da orientação.

Aguardo notícias,

Professor Barral

[Aluno],

Mandei-lhe o texto corrigido, com várias observações, pelo correio. O que farei aqui é dar algumas sugestões gerais, apontar erros mais comuns que você cometeu, e indicar alternativas.

Análise Geral:

Como lhe disse em correspondência anterior, o texto que você remeteu não tem condições mínimas para ser apresentado como trabalho de mestrado. A falta de objeto claro, os erros metodológicos, e o próprio tamanho, impediriam que aquele texto pudesse ser aprovado por qualquer banca com mínimo de seriedade.

Os problemas são:

(a) você fala de muitas coisas diferentes, e sem qualquer conexão entre um capítulo e outro; a dissertação deve ter uma estrutura didática, onde se saiba onde começou e aonde você quer chegar (mando abaixo sugestão de sumário, onde você aproveitaria uma parte do que fez):

(b) você junta várias citações, muitas delas sem relação com o que está sendo analisado, e você sucumbe ao argumento de autoridade; lembre-se: uma citação apenas prova o que o autor disse, mas NÃO prova que o que ele disse está correto;

(c) pior ainda, você resume suas citações a autores de manuais, sem pesquisa a trabalhos específicos sobre o tema, e sem análise mais profunda de jurisprudência sobre o assunto (pesquisei rapidamente o acervo da biblioteca do Senado <www.senado.gov.br> e da USP <www.usp.br/fd> e encontrei diversas referências de trabalhos relativos a seu tema, inclusive teses de doutorado!! Veja listagem abaixo, e providencie o empréstimo desses trabalhos;

(d) nas partes interessantes, sobre a legislação específica de seu tema, você não aprofunda, nem analisa, e simplesmente repete o texto legal; compare com outras normas, analise, dê alguma contribuição;

(e) você acresce conceitos ao longo do texto, sem defini-los, e utilizando conotação diversa;

(f) explique no início de cada capítulo como o capítulo vai ser dividido, e porque aqueles temas a serem abordados são importantes para o tema do trabalho;

(g) os capítulos I e II são totalmente desnecessários para a compreensão do tema; se você quer uma base teórica, procure-a na questão das tendências atuais relativas ao problema específico; e isto nada tem a ver com a origem do instituto no direito romano.

Problemas de forma:

(a) referências em rodapé totalmente desconjuntadas; leia as normas da ABNT sobre o assunto;

(b) parágrafos muito curtos, e que não abrangem uma ideia; a cada parágrafo deve corresponder uma ideia completa;

(c) tire os elogios descabidos ("insigne", "mestre" e quejandos) aos autores citados; dissertação não é petição;

(d) tire também o jargão jurídico ("isto posto", "diante do exposto");

(e) não use "pátrio"; é retórico, use "brasileiro" ou "nacional";

(f) use verbo no impessoal – TODOS os verbos;

(g) indique fontes de todas as citações, mesmo que em "*apud*";

(h) use palavras de ligação (conetivos interfrásicos) no início das frases ("neste sentido", "desta forma", "destarte", "por outro lado");

(i) quando você diz que "vários autores se posicionam", você tem que demonstrar que autores, onde, referências, e tomar cuidado com isso, pois pode levar a argumento de autoridade;

(j) cite as fontes primárias (normas, arts.) em todas as afirmações que você fizer referindo-se a elas; se necessário, por clareza, coloque o texto da norma em rodapé;

(k) não dê espaços desnecessários entre seções dos capítulos; quanto aos capítulos, divida-os por quebra de página (CTRL+ALT+ENTER);

(l) existem algumas frases muito longas, e sem sentido;

(m) após usar a primeira vez a sigla entre parênteses (exemplo: CDC), use apenas a sigla;

(n) use itálico apenas para palavras estrangeiras;

(o) o correto é Lei n. 8.884 e Decreto-Lei n. 89.707 (e não "lei 8884").

Estes problemas já haviam sido observados anteriormente a você. Por favor, corrija-os, antes de me remeter novamente qualquer outro texto.

Professor Barral

7. PLÁGIO

Plágio é a cópia de ideias ou textos alheios como se fossem próprios. O plágio é uma infração gravíssima à ética e às normas acadêmicas e deve ser punido com a anulação da nota ou título obtido com a apresentação do trabalho em análise.

Para se evitar o plágio, as seguintes regras devem ser seguidas:

(a) cite as fontes de todas as citações e transcrições de texto ou documentos;

(b) cite as fontes de ideias ou fatos que tenham sido parafraseados ou resumidos;

(c) cite as fontes para informações que podem ser de conhecimento público, mas que eram desconhecidas anteriormente pelo autor;

(d) cite as fontes que adicionam informação relevante ao problema pesquisado ou ao argumento proposto;

(e) cite as fontes da jurisprudência ou da legislação invocadas.[57]

Observe, entretanto, que não há necessidade de citar fontes de fatos notórios ou não diretamente vinculados com o problema abordado. O autor deste livro já viu uma dissertação sobre história do direito processual brasileiro em que, na primeira página, havia uma longa nota de rodapé fundamentando a data de descobrimento do Brasil. Isso é evidentemente um exagero.

Outra situação difícil ocorre quando o pesquisador elabora um argumento, e posteriormente descobre que o mesmo argumento foi utilizado por um autor que ele não havia lido.

---

57 Mirow, 2002.

Sugere-se então que seja colocada em rodapé a observação pertinente.

Ex.: [45] No mesmo sentido, posiciona-se Santos (2001, p. 30-35).

8. ERROS MAIS COMUNS NA REDAÇÃO

Nas citações:

– **variação na forma de citação:** use uma única forma, e não fique utilizando aleatoriamente itálico, aspas, negrito;

– **utilização indiscriminada de itálico:** o itálico deve ser utilizado para palavras estrangeiras; se quiser grifar, use negrito ou sublinhado, com a observação (grifou-se) ao final;

– **utilização indiscriminada de aspas:** as aspas servem para (i) delimitar citação no corpo do parágrafo; (ii) destacar neologismo ou uso metafórico; (iii) não servem para "abraçar" nomes próprios;

– **descuidar no uso de id. e op. cit.:** essas expressões facilitam a indicação de fontes, mas são pouco confiáveis. Muitas vezes, você pode incluir posteriormente uma citação antes do id. (e assim indicar equivocadamente a fonte), ou o autor pesquisado teve mais de uma obra citada em seu trabalho (e, portanto, não se pode utilizar o op. cit.). Além disso, a ABNT recomenda que somente se deva utilizar "id.", "ibid.", e "op. cit." na mesma página da citação a que se referem.[58] E isso nem sempre é previsível – ou é sempre imprevisível – nos atuais editores de texto.

Na estilística:

– **uso de jargão forense** ("isto posto", "diante do exposto");

---

[58] ABNT, **NBR 10520,** de agosto de 2002.

– **uso de palavras antigas e desnecessárias** ("suso mencionado", "doutra banda"): use vocabulário mais atual e acessível ao leitor; por isso, não use "hodierno", "pátrio", "novel", a não ser que você tenha mais de setenta anos de idade, ou seja, orador na formatura;

– **uso de terminologia técnica em sentido figurado** ex.: "o relacionamento entre os cônjuges
faliu": eliminar (pois a falência só cabe à empresa comercial);

– **frases muito longas:** evitar; frase com mais de três linhas é suspeita;

– **uso de expressões retóricas** (ex.: "direito pátrio"): use sinônimos conforme pertinência (brasileiro, nacional, doméstico);

– **variação nos tempos verbais**: atente para o tempo verbal correto na frase, cuidado com variação indiscriminada entre pretérito e presente.

Pontuação e gramática:

– **não saber usar crase e vírgula:** estudar gramática;

– **não utilizar hífen entre palavras que compõem substantivo:** em português, as palavras que compõem substantivo são ligadas por hífen (ex.: "não-discriminação");

– **iniciar frase com pronome reflexivo:** estudar próclise e mesóclise;

– **escrever "lei 8884":** o correto é "Lei n. 8.884", "Decreto-Lei n. 1.616";

– **ficar repetindo íntegra da sigla:** depois que colocar por extenso, com sigla entre parênteses, pode-se utilizar somente a sigla;

– **não use ponto em ano nem número entre parênteses:** quem usa "1.875" e "(5) cinco" é seu avô; e mesmo assim, em cheques;

– **não use "Do..." em títulos**: só livros oitocentistas e advogados com mentalidade oitocentista é que usam títulos assim;

– **não use "através" com sentido de "por meio de", "por":** atravesse a sala e consulte uma gramática.

Terminologia:

– **variação de termos como se fossem sinônimos** (Estado Membro, Estado-Membro, País-Membro): use **uma** forma, de preferência aquela utilizada no texto legal;

– **tradução literal de termos estrangeiros**: a tradução literal nem sempre representa o significado da palavra utilizada; assim, *domestic law* é "direito interno", e não "lei doméstica".

Fundamentação:

– **não deixar claro quando as ideias são suas ou de outros autores**: mesmo que por negligência, isso poderá ser considerado plágio.

– **fazer afirmação sem identificar qual o fundamento legal:** identificar norma pertinente, preferencialmente em rodapé, ou entre parênteses no corpo do texto.

Argumentação:

– **tratar de vários temas no mesmo parágrafo:** cada parágrafo deve conter, e esgotar, uma ideia.

REGRAS DE APRESENTAÇÃO

1. ESTRUTURA DE TRABALHOS ACADÊMICOS

Segundo a **NBR 14724**, de abril de 2011, o trabalho estrutura-se, assim como o projeto de pesquisa, em parte externa e parte interna.

A parte externa consiste da capa (elemento obrigatório) e da lombada (opcional).

Já a parte interna é formada de três partes: (i) pré-textual; (ii) textual; (iii) pós-textual. Os itens designados com [F] são facultativos.

Estrutura	Elemento
	Folha de Rosto
	Errata [F]
	Folha de Aprovação [Obrigatória apenas na versão definitiva]
	Dedicatória [F]
	Agradecimentos [F]
	Epígrafe [F]
	Resumo na língua vernácula
	Resumo em língua estrangeira
	Lista de ilustrações [F]
	Lista de abreviaturas e siglas [F]
	Lista de símbolos [F]
	Sumário
Textual	Introdução
	Desenvolvimento
	Conclusão (ou Considerações Finais)
Pós-textual	Referências
	Glossário [F]
	Apêndice [F]
	Anexo [F]
	Índice [F]

Alguns comentários podem ser elaborados sobre cada um desses itens.

1.1 CAPA

Nela devem constar: (a) nome da instituição (opcional); (b) nome do autor; (c) título; (d) subtítulo, se houver (nesse caso, deve ser precedido de dois pontos, evidenciando a subordinação ao título); (e) número de volumes; (f) cidade da instituição onde deve ser apresentado; (g) ano de depósito ou da entrega. A maioria das instituições exige que o aluno entregue no mínimo dois exemplares encadernados em negro do trabalho defendido.

1.2 LOMBADA

Nela devem constar: (a) nome do autor ou autores; (b) título; (c) elementos alfanuméricos de identificação de volume, fascículo e data, se houver. Sua elaboração deve seguir a NBR 12225, de julho de 2004.

1.3 FOLHA DE ROSTO

(a) nome do autor; (b) título; (c) subtítulo, se houver; (d) número de volumes; (e) natureza do trabalho (monografia, tese, dissertação, entre outros), objetivo (aprovação em disciplina, grau pretendido, entre outros), instituição a que é submetido e área de concentração; (f) nome do orientador e, se houver, do coorientador; (g) cidade da instituição onde deve ser apresentado; (h) ano de depósito ou da entrega.

1.4 ERRATA

É a lista de erros e correções, geralmente entregue em papel avulso e encartado ao trabalho. Deve ter a estrutura do seguinte exemplo:

Folha	Linha	Onde se lê	Leia-se
25	10	Cada	Nada

1.5 FOLHA DE APROVAÇÃO

É a folha que será assinada pelos membros da banca de avaliação, com indicação da nota recebida pelo trabalho. Nela constam: (a) autor; (b) título por extenso e subtítulo; (c) natureza, objetivo, nome da instituição a que foi submetido e área de concentração; (d) local e data da aprovação, com nota obtida; (e) nome, titulação e instituição dos membros da banca examinadora; (f) local para assinatura dos membros da banca.

1.6 DEDICATÓRIA

Homenagem prestada pelo autor do trabalho. É um item facultativo, mas se utilizada, deve ser limitada e sóbria. Se você começar a dedicá-la da professora de primário até a atual namorada, a dedicatória perde o sentido. Ou você perde a namorada. Deve ser incluído abaixo, no canto direito da página.

1.7 AGRADECIMENTOS

Dirigidos àqueles que contribuíram de maneira relevante à elaboração do trabalho. Elemento facultativo, deve ser inserido após a dedicatória. O título "Agradecimentos" deve ser colocado no início da página, centralizado, seguido do parágrafo de agradecimentos.

1.8 EPÍGRAFE

Citação, seguida de indicação de autoria, relacionada com a matéria tratada no corpo do trabalho. Deve ser incluída abaixo, no canto direito da página. Permite-se também a inclusão de epígrafes no início de cada capítulo; mas tome cuidado para não parecer algo rocambolesco.

1.9 RESUMO

É a apresentação concisa dos pontos relevantes do trabalho, devendo conter de 150 a 500 palavras para trabalhos acadêmicos (teses, dissertações e outros) e relatórios técnico-científicos e de 100 a 250 palavras para artigos de periódicos. Deve ser seguido, logo abaixo, de cinco palavras-chave representativas do conteúdo do trabalho.

No resumo, apresente: a) assunto e objetivo; b) fontes de pesquisa; c) método utilizado; d) resultados e conclusões. Utilize linguagem objetiva. Destaque a contribuição do trabalho para a compreensão do problema. Afinal, o resumo tem também a função de interessar o leitor pela pesquisa. Evite o uso de parágrafos, de frases negativas e de símbolos pouco conhecidos.[59]

1.10 RESUMO EM LÍNGUA ESTRANGEIRA

Versão do resumo em idioma de divulgação internacional (Em inglês: *Abstract*. Em castelhano: *Resumen*. Em francês: *Résumé)*. Deve seguir-se de cinco palavras-chave representativas do conteúdo do trabalho no mesmo idioma. Em geral, a monografia dispensa resumo em língua estrangeira; a dissertação deve conter um *Abstract*; a tese deve conter um *Abstract* e um *Resumen* ou *Résumé*.

1.11 LISTA DE ILUSTRAÇÕES

Deve ser elaborada de acordo com a ordem apresentada das ilustrações, com cada item designado por seu nome específico, travessão, título e respectivo número da folha. Exemplo:

---

[59] ABNT, **NBR 6028**, de novembro de 2003.

1.12 LISTA DE SIGLAS

Deve ser apresentada de acordo com a ordem alfabética da sigla. Exemplo:

DNER - Departamento Nacional de Estradas de Rodagem

DNOCS - Departamento Nacional de Obras contra a Seca

1.13 SUMÁRIO

Enumeração das principais seções (capítulos), subseções e outras partes do trabalho, acompanhadas do respectivo número de página. Não devem ser incluídos os itens.[60]

1.14 PARTE TEXTUAL

O desenvolvimento deve ser dividido em seções (capítulos), subseções e itens.

1.15 REFERÊNCIAS

Indicação padronizada de fontes utilizadas, em ordem alfabética, conforme **NBR 6023**, de agosto de 2002.

1.16 GLOSSÁRIO

Consiste em uma lista em ordem alfabética de palavras ou expressões técnicas de uso restrito ou de sentido obscuro, utilizadas no texto, acompanhadas das respectivas definições.

---

[60] ABNT, **NBR 6027**, de maio de 2003.

1.17 APÊNDICE

Deve necessariamente ser precedido da palavra APÊNDICE, grafada em letras maiúsculas.

1.18 ANEXOS

Consiste em textos, documentos, mapas ou gráficos que servem de fundamentação, comprovação ou ilustração. São identificados por letras maiúsculas, travessão e os respectivos títulos. Exemplo:

ANEXO B – Tabela de correção monetária e deduções do Imposto de Renda de 1996 a 2000

Você só deve se utilizar de documentos anexos quando forem realmente relevantes para a compreensão do trabalho. Assim, pode-se anexar uma legislação municipal ou um tratado internacional, se forem as fontes primárias do trabalho e porque o leitor dificilmente terá acesso a elas. Mas seria um exagero (e uma visível tentativa de dar volume ao trabalho) colocar em anexo o Código de Defesa do Consumidor.

Muitas vezes, os anexos são compostos de mapas e cópias de documentos. Por isso, não é necessário paginá-los.

Além do anexo, pode constar no trabalho também um apêndice. A diferença é que o apêndice é um documento elaborado pelo próprio autor, com o objetivo de complementar ou exemplificar sua argumentação.

1.19 ÍNDICE

Elaborado conforme a **ABNT 6034**, de janeiro de 2005.

1.20 INTRODUÇÃO

Na introdução, apresente o trabalho ao leitor. Explique a delimitação do tema, indique os objetivos que serão buscados, aluda à divisão dos capítulos e o que será tratado em cada um deles. Deixe para elaborar a introdução quando o trabalho estiver concluído, e isso porque inevitavelmente haverá alguma modificação dos objetivos ou hipóteses iniciais.

1.21 DESENVOLVIMENTO

Quanto ao desenvolvimento do trabalho, tente criar uma divisão equilibrada dos capítulos. Cada capítulo deve se dedicar a um aspecto claramente identificável do problema. Como recomendação, evite que um capítulo fique do dobro de tamanho de outro. Se for o caso, divida-o em partes menores. Ao mesmo tempo, evite a multiplicidade de pequenos capítulos, que fazem perder a evolução da análise do problema. Dificilmente um trabalho com menos de 100 páginas terá mais que quatro ou cinco capítulos de desenvolvimento.

Na **conclusão**, condense as principais ideias abordadas ao longo de seu trabalho. Você não deve acrescentar dados novos nessa parte. Alguns autores de Metodologia distinguem entre "conclusão" e "considerações finais". Nessa última, o pesquisador apresenta os resultados de um trabalho panorâmico, apresentando a organização do problema, mas sem chegar a um posicionamento definitivo. Na "conclusão", por outro lado, há um posicionamento de afirmação ou negativa da hipótese inicialmente apresentada no trabalho.

2. NUMERAÇÃO DOS TÍTULOS

A numeração dos títulos começa a partir da estrutura textual do trabalho, da seguinte maneira:

<table>
<tr><td>Introdução</td><td colspan="3">1</td></tr>
<tr><td rowspan="2">Desenvolvimento</td><td>2</td><td>2.1
2.2</td><td>2.2.1
2.2.2
...</td></tr>
<tr><td>3
...</td><td colspan="2"></td></tr>
<tr><td>Conclusão (ou Considerações Finais)</td><td colspan="3">4</td></tr>
<tr><td>Referências Bibliográficas</td><td>5</td><td colspan="2"></td></tr>
<tr><td>Anexos</td><td colspan="3">ANEXO A –
ANEXO B –</td></tr>
<tr><td rowspan="2">Ilustrações</td><td>Figuras</td><td colspan="2">Figura 1
Figura 2
...</td></tr>
<tr><td>Tabelas</td><td colspan="2">Tabela 1
Tabela 2
...</td></tr>
</table>

3. ELEMENTOS GRÁFICOS

Papel	Branco. Formato A4 (21,00 cm x 29,7 cm).
Fonte	Deve-se utilizar a fonte Times New Roman, tamanho 12 para o texto e tamanho 10 para notas de rodapé. O tamanho 11 será utilizado para citações destacadas (mais de três linhas).
Margem	(i) Superior e Esquerda: 3 cm. (ii) Inferior e Direita: 2 cm.
Espaceja-mento	(i) Entre linhas: espaçamento 1,5. (ii) Entre parágrafos: não deixar espaços. (iii) Título de capítulo (seção): deve ser iniciado em nova página, seis espaços após a margem superior. O título deve ser em negrito e maiúsculas. (iv) Título de subseção: deve ser separado do texto por um espaço anterior e um espaço posterior. O título deve ser em negrito. (v) Título de item: deve ser separado do texto anterior por um espaço, e sem separação do texto posterior. (vi) Primeira linha (margem de parágrafo): 1,5 cm. (vii) Notas de rodapé: espaçamento simples, separada do corpo do texto por um filete a partir da margem esquerda. No texto da nota de rodapé, o espaço entre linhas é simples, não há espaço entre parágrafos, nem espaçamento na primeira linha. (viii) Citações de mais de três linhas, referências, legendas das ilustrações e das tabelas: espaçamento simples

Indicativos de seção (capítulo)	Devem ser precedidos de um indicativo numérico (algarismo arábico), alinhado à esquerda e separado por um espaço de caractere, sem ponto. No caso das seções primárias o título deve ser separado do texto que o sucede por um espaço entre linhas de 1,5, e os títulos das subseções devem ser separados do texto que o precede e que o sucede por um espaço entre linhas de 1,5. Títulos sem indicação numérica (sumário, resumo, tabelas) devem ser centralizados, em maiúsculas e em negrito.
Numeração	Deve-se adotar numeração progressiva das seções. Os títulos de capítulos devem iniciar em folhas distintas. Recomenda-se, por isso, que seja desativado no editor de texto o mecanismo de "controle de linhas órfãs ou viúvas" (No Word: Formatar-Parágrafo-Quebras de linha). Ver abaixo tabela para recomendação de numeração dos títulos.
Paginação	Deve ser feita em algarismo arábicos, no canto superior direito da folha, a 2 cm da borda superior e a 2 cm da borda direita. Todas as folhas devem ser contadas e numeradas a partir da Introdução. Antes da parte textual as folhas devem ser contadas, mas não numeradas. Não é necessário paginar anexos. A numeração mantém-se na forma sequencial, independentemente do número de volumes, apêndices ou anexos.

Abreviaturas e siglas	Quando aparecerem pela primeira vez no texto, deve-se usar o nome por extenso, seguido da abreviatura ou da sigla, entre parênteses. Após este procedimento, deve-se usar diretamente a abreviatura ou a sigla.
Ilustrações	(i) Figuras, esquemas, fluxogramas, gráficos, mapas, organogramas: qualquer que seja seu tipo, sua identificação aparece na parte inferior precedida da palavra designativa (ex.: Figura, Gráfico, Mapa, etc.), seguida de seu número de ordem de ocorrência no texto em algarismo arábico, do respectivo título e/ou legenda explicativa e da fonte, se necessária. Legendas devem ser breves e claras de forma a dispensar a consulta ao texto. (ii) Tabelas: a indicação do título aparece na parte superior, à esquerda, precedido da palavra Tabela e de seu número de ordem em algarismo arábico. A fonte das informações contidas em uma tabela deve aparecer em nota de rodapé, com chamada de rodapé no título da tabela. Quando o texto reproduz tabela de outro documento, deve-se obter prévia autorização do autor. Quando uma tabela não couber em uma folha, deve continuar na folha seguinte, repetindo-se o título e o cabeçalho.

4. REFERÊNCIAS

Referências são indicações completas de todas as fontes utilizadas. Essas referências devem constar no fim do texto, em monografias, dissertações e teses, e devem anteceder o texto, em fichas, resumos ou resenhas. As recomendações que se seguem foram elaboradas com base na **NBR 6023,** de agosto de 2001, revista em agosto de 2002.

As referências alinham-se à margem esquerda do texto, com espaço simples entre linhas e duplo (12 pontos) entre cada referência. O recurso empregado para destacar o título deve ser o negrito.

Os títulos das obras citadas são datilografados/digitados em letras minúsculas, exceto quando se trata de nome próprio, ou de disciplina. Ex.: **O direito e a vida do direito** (regra geral); **Direito Administrativo II** (nome de disciplina).

4.1 MONOGRAFIAS OU OBRAS ISOLADAS

Documento	**Modelo de Apresentação**
Livro	SOBRENOME DO AUTOR, Prenome. **Título do documento em negrito**. n. edição [se não for a 1ª]. Local da Publicação: Editora, ano. THUROW, Lester C. **The future of capitalism**. New York: William Morrow & Co., 1996.
Capítulo de Livro[61]	SOBRENOME DO AUTOR DO CAPÍTULO, Prenome. Título do capítulo. In: SOBRENOME DO ORGANIZADOR DO LIVRO, Prenome (Org.). **Título do documento em negrito**. Local da Publicação: Editora, ano. p. x-y. WOLKMER, Antônio Carlos. Sociedade liberal e a tradição do Bacharelismo Jurídico. In: BORGES FILHO, Nilson. **Direito, estado, política e sociedade em transformação.** Porto Alegre: Sergio Antonio Fabris Editor, 1995. p. 49-77.

61 Aplica-se, também, a volume, fragmento ou outras partes de uma obra, com autor e/ou título próprio.

Dissertação, Tese, TCC	SOBRENOME DO AUTOR, Prenome. **Título do documento em negrito**. Dissertação (Mestrado em X). Faculdade de Y. Universidade de Z. Local, ano. PRAZERES, Tatiana Lacerda. **A regulamentação de barreiras técnicas na Organização Mundial do Comércio** (Mestrado em Direito). Centro de Ciências Jurídicas. Universidade Federal de Santa Catarina. Florianópolis, 2002.
Dicionário	SOBRENOME DO EDITOR, Prenome. **Título do dicionário em negrito**. Local da Publicação: Editora, ano.
Manual	ESTADO. Órgão/entidade responsável pelo manual. **Título do manual em negrito**. Local, ano. ESTADO DE SÃO PAULO. Secretaria da Fazenda. **Manual do ICMS**. Florianópolis, 1989.

Observações:

– escreva o nome da cidade por extenso: "Rio de Janeiro" (e não "RJ");

– no rodapé, a citação de páginas é "p." (e não pp);

– identifique a editora, mas não se deve acrescer "Ltda." nem "Companhia": Ex.: Rio de Janeiro: Forense, 2000. [e não "Companhia Editora Forense Ltda."]

– Designações de filiação (FILHO, JÚNIOR, NETO, SOBRINHO) devem acompanhar o sobrenome. Ex.: ATHAYDE BISNETO, Aristides.

– Em sobrenomes castelhanos, o nome paterno aparece antes. Ex.: RUIZ DIAS, Roberto.

4.2 PERIÓDICOS

Documento	Modelo de Apresentação
Artigo de Revista Institucional	SOBRENOME DO AUTOR, Prenome. Título do artigo. **Nome da Revista em negrito** – Revista da Faculdade X, Local da Publicação, n. xx, p. x-y. Mês [se houver], Ano.
Artigo de Revista	SOBRENOME DO AUTOR, Prenome. Título do artigo. **Nome da Revista em negrito**, Local da Publicação, v. x, n. x, p. x-y. mês ano. VERONESE, Josiane P. Os meios de comunicação de massa: uma nova forma de controle social. **Revista de Informação Legislativa**, Brasília, ano 28, n. 112, p. 445-456. out-dez 1991.
Artigo de Jornal Diário	(i) **Artigo assinado** SOBRENOME DO AUTOR, Prenome. Título do artigo. **Nome do Jornal em negrito**, Local da Publicação, v. x, n. x, p. x-y. mês ano. **(ii) Artigo não assinado** TÍTULO do artigo com primeira palavra em maiúscula. **Nome do Jornal em negrito**, Local da Publicação, v. x, n. x, p. x-y. dia mês ano.
Artigo de Revista em meio eletrônico	SOBRENOME DO AUTOR, Prenome. Título do artigo. **Nome da Revista em negrito**, Local. dia mês ano [se houver]. Disponível em: <http://www.endereço-eletrônico-completo>. Acesso em: dia mês ano.
Artigo de Jornal em meio eletrônico	SOBRENOME DO AUTOR, Prenome. Título do artigo. **Nome do Jornal em negrito**, Local. dia mês ano. Disponível em: <http://www.endereço-eletrônico-completo>. Acesso em: dia mês ano.

– Deve-se utilizar o mês abreviado. Ex.: out. 1998 (exceto para maio).

4.3 EVENTOS

Documento	Modelo de Apresentação
Anais de Congresso	NOME DO EVENTO. n.º do Evento. Ano. Local do Evento. Anais... Local: Editora, ano. p. x-y.
Trabalho publicado em Anais	SOBRENOME DO AUTOR, Prenome. Título do trabalho. In: NOME DO EVENTO. n.º do Evento. Ano. Local do Evento. Anais... Local: Editora, ano. p. x-y.
Anais eletrônicos	NOME DO EVENTO. Ano. Local do Evento. Anais eletrônicos... Local, Entidade Responsável. Ano. Disponível em: <http://www.endereço-eletrônico-completo>. Acesso em: dia mês ano.
Trabalho publicado em Anais eletrônicos	SOBRENOME DO AUTOR, Prenome. Título do Trabalho. In: NOME DO EVENTO. Ano, Local do Evento. Anais eletrônicos... Local, Entidade Responsável. Ano. Disponível em: <http://www.endereço-eletrônico-completo>. Acesso em dia mês ano.

4.4 DOCUMENTOS JURÍDICOS

Documento	Modelo de Apresentação
Legislação	**(i) Constituição** ESTADO. **Ato normativo**. Capital: órgão ou poder, ano. BRASIL. **Constituição da República Federativa do Brasil**. Brasília: Senado Federal, 1988. **(ii) Emenda constitucional** ESTADO. Constituição (ano de promulgação). Emenda Constitucional n.º X, de [dia] de [mês] de [ano], Fonte, Cidade, v. x., n. x., p. x-y, mês x./mês y. Ano. BRASIL. Constituição (1988). Emenda Constitucional nº 20, de 15 de dezembro de 1998. **Lex** – Coletânea de Legislação e Jurisprudência: legislação federal e marginália, São Paulo, v. 75, n.3, p. 176-182, out./dez. 1998. **(iii) Legislação infraconstitucional** ENTE COMPETENTE. Ato normativo n. X, de [dia] de [mês] de [ano], **Fonte**, Cidade, v. x. n. x. p. x-y. Ano. SÃO PAULO (Estado). Decreto n. 42.822, de 20 de janeiro de 1988. **Lex**: Coletânea de Legislação e Jurisprudência, São Paulo. v. 62. N. 3. p. 217-220. 1988. **(iv) Código** ESTADO. **Código X**. Organização e/ou coordenação dos textos, notas e índices. Edição. Local: Editora, ano. BRASIL. **Código Civil**. Organização e coordenação dos textos, notas remissivas e índices por Juarez de Oliveira. 51.ed. São Paulo: Saraiva, 2000.

Decisões Judiciais	**(i) Acórdão e decisões monocráticas**[62] ENTE FEDERATIVO. Órgão Prolator da decisão. Tipo de Recurso n.º x. Partes envolvidas [se houver]. Relator: Des. X. Cidade, [Dia] de [mês] de [ano]. Fonte. BRASIL. Supremo Tribunal Federal. Recurso Extraordinário nº 167359/SP. Recorrente: Instituto Nacional do Seguro Social. Recorrido: Manoel Mendonça da Silva. Relator: Ministro Neri da Silveira. Brasília, 22 de novembro de 1994. Disponível em: <http://www.stf.gov.br> Acesso em: 11 nov. 2002. **(ii) Súmula** ENTE FEDERATIVO. Órgão prolator da súmula. Súmula n.º x. Fonte. BRASIL. Supremo Tribunal Federal. Súmula n.º 14. In: ___. **Súmulas**. São Paulo: Associação dos Advogados do Brasil, 1994. p. 16.

• **O mais importante nas referências bibliográficas é manter a uniformidade:** não há regras que prevejam todas as situações possíveis de apresentação de documentos. Por isso, sempre há algumas divergências entre os autores de Metodologia; cada um tem indicações distintas sobre algumas particularidades na redação, que se baseiam mais em preferências do que em regras

62 A transcrição da ementa (ou da súmula), bem como de outros elementos identificadores da decisão, não é obrigatória, mas recomendável se o autor do trabalho científico quiser identificar o documento com maior precisão. O texto da ementa insere-se entre o órgão prolator da decisão e o tipo de recurso. Já o conteúdo da súmula insere-se entre o número da súmula e a fonte de onde foi retirada.

existentes da ABNT. Mas uma regra é fundamental: mantenha a coerência e uniformidade; faça citações e referência sempre da mesma forma. Se não houver uma regra expressa para o tipo de documento que você está utilizando, aplique as regras gerais para obras isoladas ou para periódicos.

• **Como deve ser feita a referência quando a informação é obtida em meio eletrônico?** A internet transformou-se em instrumento importante para pesquisa nas mais diversas áreas. Tornou-se constante, assim, a obtenção de informações em meios eletrônicos (como, *v.g.*, *home-pages* ou revistas eletrônicas). Nestes casos, a referência permanece como se se estivesse lidando com um meio convencional (não eletrônico), apenas inserindo no final os seguintes dados: Disponível em: <endereço eletrônico completo>. Acesso em: dia mês [abreviado] ano.

Quanto à numeração de páginas, se o arquivo encontrado na internet não tiver páginas fixas (a exemplo dos arquivos PDF), não deverá haver indicação de páginas.

5. ERROS MAIS COMUNS NA FORMATAÇÃO

– **referenciar obras estrangeiras para parecer um trabalho denso**: você não conseguirá enganar ninguém e vai se meter em confusão; somente coloque referências bibliográficas que você tenha realmente lido e consultado; não faça referência de obras estrangeiras, se você não leu (se for o caso, coloque *apud* para demonstrar que é uma referência indireta);

– **deixar "lixo"** (espaços desnecessários) entre palavras, que criarão problema na impressão – evitar dar dois toques na barra de espaço; para corrigir, no Word: Editar-Substituir (espaço -espaço) por (espaço);

– **utilização de muitas subdivisões no texto** – use no máximo a terceira casa (ex.: 2.2.1); a partir daí, use alfabeto, se necessário.

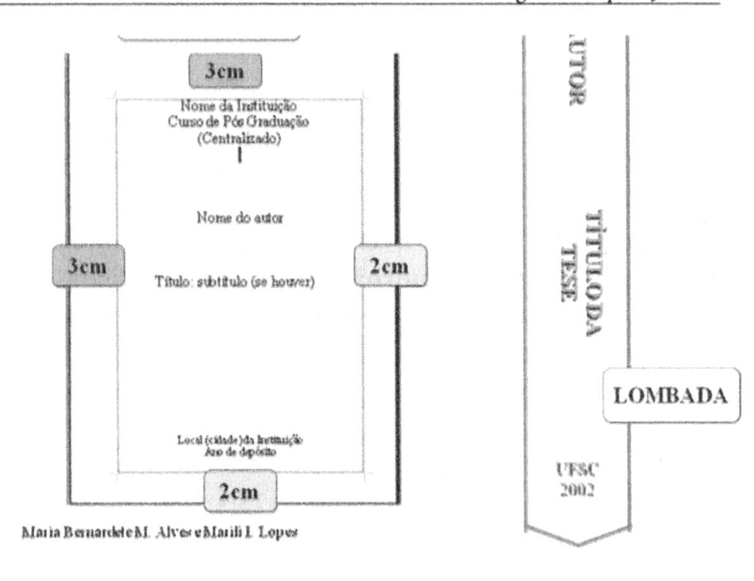

Lombada
(NBR12225, 1994)

Deve constar as seguintes informações:

a) Nome do autor, impresso de cima para baixo, longitudinalmente;

a) Título do trabalho impresso da mesma forma que o autor

b) Elementos alfanuméricos de identificação, por exemplo: v.2

(NBR 14724, 2005).

Maria Bernardete M. Alves e Marili I. Lopes

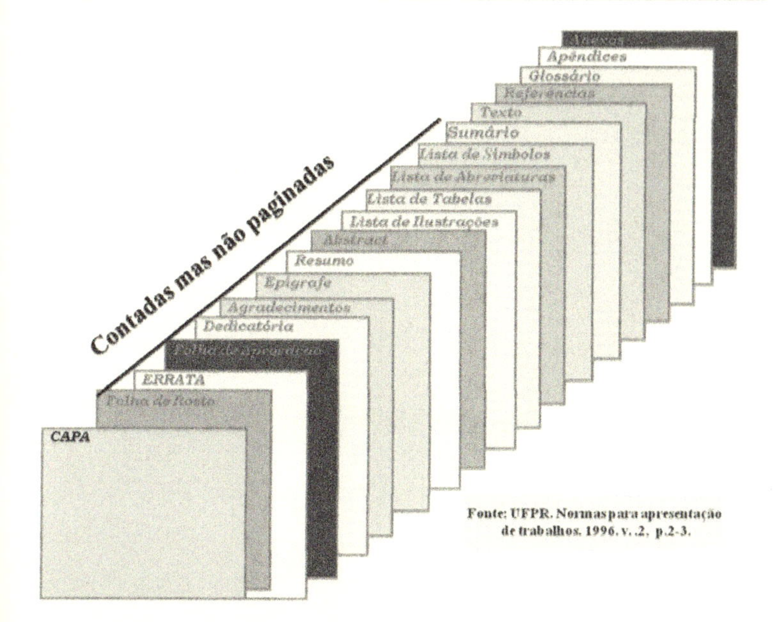

Fonte: UFPR. Normas para apresentação de trabalhos. 1996. v. 2. p.2-3.

RELAÇÕES INSTITUCIONAIS

1. COORDENADOR DE PESQUISA (OU DE MONOGRAFIA)

Durante todo o trabalho científico, a tradição acadêmica é a da existência de professores que se envolvem e que teoricamente auxiliam o trabalho do aluno. Dentre estes professores, é proeminente a figura do orientador. Mas as instituições de ensino e pesquisa também costumam manter um coordenador de pesquisa (ou coordenador de monografia), e é possível ainda a existência de coorientador. Algumas palavras podem ser ditas sobre essas figuras.

O coordenador de pesquisa (ou de monografia, a depender da instituição), é responsável fundamentalmente pelos problemas administrativos que venham a surgir relativamente à apresentação de trabalhos de pesquisa. Via de regra, é o coordenador de pesquisa que designa o calendário para as defesas, propõe os componentes das bancas respectivas, indica orientadores para os alunos que não os tiverem, e resolve fatos imprevistos, que são inevitáveis quando há grande número de alunos. A depender da estrutura administrativa de cada curso de graduação ou de programa de pós-graduação, a figura do coordenador de pesquisa pode ter enorme relevância na definição das linhas de pesquisa as quais os alunos devem se submeter.

2. O ORIENTADOR: UM GUIA DE SOBREVIVÊNCIA

A figura mais presente na vida do pesquisador é a do orientador. Há alguns equívocos quanto ao papel do orientador. Muitos pesquisadores iniciantes têm uma imagem romântica do orientador, vendo nele a mão segura, que o encaminhará pelos caminhos tortuosos da vida acadêmica. Essa imagem não corresponde à realidade atual, onde a massificação do ensino exige muitas vezes que um professor tenha mais de dez orientandos de graduação e pós-graduação por ano. Em algumas instituições mais conservadoras, ainda se vê um comportamento paternal dos orientadores, que em contrapartida têm poder de *pater familias* sobre seus orientandos, a quem premiam ou castigam por razões obscuras e às vezes passionais. Estes são personagens em extinção. A massificação do ensino tende a promover a impessoalidade e os critérios meritocráticos, e ao aluno lambão o orientador acaba simplesmente dedicando menos tempo, deixando-o relegado à bisonha ignorância.

Portanto, não crie expectativas exageradas quanto ao seu orientador. Ele não é pai nem mãe, não é necessariamente amigo, quase nunca é especialista na matéria, e não é um ombro no qual se possa chorar suas mágoas. O orientador é simplesmente um leitor privilegiado, aquele que tem o contato inicial com seu texto, e que lhe faz recomendações quanto ao prosseguimento da pesquisa. O bom orientador é aquele que se dedica principalmente a revisar o projeto, que auxilia você a encontrar um tema que seja acessível e bem delimitado. Porque quem tem de encontrar o tema é você, o trabalho é seu.

Muitos dos conflitos surgidos entre alunos e professores, e testemunhados pelo autor deste livro, tiveram origem na incompreensão quanto a esta regra básica: a relação entre orientador e orientando é uma relação profissional. Não se deve esperar que o orientador vá além disso. Deve-se esperar que o orientando apresente um projeto coerente e execute-o no prazo acordado.

Tampouco espere que o orientador saiba tudo sobre o assunto. Você verá que, ao término da pesquisa, pouca gente no mundo entenderá do tema como você. Isso não quer dizer que o orientador não possa ser também um coordenador de um grupo de pesquisa. Tem se tornado cada vez mais frequente, inclusive na área de ciências sociais, a criação de grupos de pesquisa, onde cada pesquisador envolvido concentra-se num problema específico.

Feitas essas considerações gerais, quais são alguns critérios para escolha do orientador? Vamos a um guia básico de sobrevivência.

O orientador deve ser **professor do curso**: em regra, as instituições não aceitam que professores não vinculados formalmente possam orientar seus alunos.

O professor deve **aceitar a orientação** do aluno: dificilmente os professores mais disputados poderão ser obrigados a orientar alguém. Por isso, você deve contatá-lo previamente, e certificar-se do interesse dele em orientar você.

O professor deve ter **vagas para orientação**: as instituições normalmente limitam número de orientandos que cada professor pode ter (em geral são dez). Verifique na secretaria do curso se o orientador que você deseja tem vagas disponíveis.

O professor deve ter **conhecimento do assunto**: ele não necessariamente será um especialista, mas deve conhecer pelo menos da área em que você pretende se aprofundar.

Pesquise a **atuação do professor** como o orientador: converse com os orientandos dele, verifique na biblioteca os trabalhos que ele já orientou, veja a qualidade de suas publicações.

Certifique-se de que não é uma **pessoa intolerável**: por mais profissional que seja a relação, é importante a socialização acadêmica, o padrão ético e a humildade científica. Se o sujeito é um estrupício, será extremamente desgastante conviver com ele durante o ano de pesquisa (por isso, alguém já disse que se pode fazer um trabalho científico "com o orientador, sem o orientador, ou apesar do orientador").

Ao longo da pesquisa, espera-se que sua relação com o orientador seja profissional e respeitosa. Em alguns casos, a situação torna-se insustentável, e é necessária a troca de orientador. Verifique as normas da instituição quanto a essa possibilidade, e converse com o coordenador de monografia sobre o assunto.

De qualquer forma, há sempre aquelas frases que vale a pena evitar. São as frases mais odiadas pelos orientadores:

Guia das frases medonhas

"Bem que o senhor poderia sugerir um tema para minha pesquisa."
"Estou pensando em mudar de tema."
"Como é que se faz referência de livro mesmo?"
"Pois é, procurei o senhor em sua sala, mas não encontrei."
"Não, não recebi seu recado, meu irmão é meio tonto."
"Acho que vou precisar de um prazozinho a mais."
"Sei que teria que entregar a monografia ontem, mas minha avó passou mal."
"Professor, será que daria para mudar a data da banca, pois minha tia que mora em Roraima quer vir assistir."
"Acho que aquele membro da banca me persegue."
"Meu orientador não me disse que o trabalho estava tão ruim."

3. O PAPEL DO ORIENTADOR

Embora o trabalho científico seja um trabalho sob a responsabilidade de seu autor, é inegável que o orientador pode exercer um papel relevante, sobretudo auxiliando o orientando a não incorrer nos mesmos erros que o orientador cometeu quando iniciou sua carreira acadêmica.

Proporcionar um clima de respeito mútuo e de profissionalismo é essencial para permitir a pesquisa científica. Com este objetivo, algumas recomendações podem ser recordadas aos orientadores. Esta seção, portanto, se destina basicamente aos professores.

Antes de aceitar a orientação, **peça um rascunho do projeto**. Ainda que em seus primórdios, é importante notar se o aluno tem ideia do que pretende estudar, e se este tema se encaixa na linha de pesquisa atualmente desenvolvida pelo orientador.

Deixe claro desde o início **as regras do jogo**: qual será sua contribuição e o que se espera do orientando. Não tergiverse sobre responsabilidades, nem deixe frases subentendidas. De preferência, remeta ao orientando, por escrito, as suas expectativas, bem como as avaliações periódicas que faz dele. **Guarde a correspondência eletrônica** mantida ao longo da orientação. Recorde-se que a orientação envolve responsabilidades administrativas, que podem ser graves, no caso de perda de um prazo ou de constatação de plágio. Na carta da página 179, há um exemplo de correspondência que o autor deste livro remete a seus pretendentes a orientandos.

Não aceite o orientando se você já está sobrecarregado. Por simpatia, por ser um bom aluno, pelo tema interessante, os professores mais dedicados tendem a aceitar novas orientações mesmo quando dispõem de pouco tempo. Não faça isso. Será uma frustração recíproca, derivada do simples fato de que existe uma limitação física à dedicação acadêmica.

Trate o orientando com urbanidade e respeito. Como qualquer relação profissional, seja objetivo e direto quanto aos propósitos e direcionamentos que devem ser adotados. Se o sujeito é uma toupeira, recuse-o como orientando; mas não o humilhe.

Proteja a liberdade intelectual. Se o orientador tem divergências ideológicas graves com o trabalho do orientando, talvez seja melhor sugerir-lhe que procure um outro professor. Se aceitar a orientação, respeite as hipóteses propostas pelo trabalho, ainda que as refutando em bases científicas.

Na academia, **não é admissível preconceito** quanto à pessoa do aluno – seja por origem, sexo, orientação sexual, idade ou limitação física. Se você, ainda assim, não consegue eliminar algum tipo de preconceito, não aceite a orientação.

Não oriente parentes ou pessoas próximas. Além de prejudicar a isenção quanto à avaliação do trabalho, isso pode induzir à suspeição da comunidade acadêmica, prejudicando injustamente o orientando.

Após a aceitação pelo orientador, o contato pode se estender por bastante tempo, às vezes por anos. O orientador deve compreender que suas responsabilidades também se estendem, e podem incluir, a depender do grau de dedicação e da vocação do orientando, a parte de **socialização acadêmica**. Nesse sentido, deve-se incentivar o orientando a publicar seus resultados, apresentar trabalhos em congressos, e externar suas hipóteses para a comunidade acadêmica, desde que, é óbvio, tenham qualidade.

Durante a orientação, o comportamento do orientador influencia indelevelmente a conduta do orientando. Por isso também a necessidade de manter padrões éticos elevados.

Isso inclui **obedecer ao cronograma proposto** e exigir igual dedicação do aluno. Cumpra os prazos, compareça às reuniões que agendar com ele. Entregue as revisões nas datas combinadas.

Se você criticar o trabalho de outros autores, faça-o em bases sólidas e com fundamentos científicos. Não protagonize o bufão de fofocas e maledicências da academia.

Não seja egoísta com livros e fontes bibliográficas. Conhecimento é como dinheiro; se não circula, não gera mais conhecimentos. Dê acesso a seus livros, distribua fontes de pesquisa que sejam relevantes. Mas tome cuidado de anotar a quem foi emprestado o quê. Sabemos quantos livros se perdem em razão de "esquecimento" alheio.

Reconheça fontes e créditos a citações ou ideias que contribuem para a evolução do trabalho científico. Valorize o direito autoral, e ensine seu orientando a fazê-lo.

Cumpra com as normas da instituição no que se refere ao acompanhamento, registro, apresentação de relatórios e cumprimento de calendário.

Caso você precise se licenciar ou se afastar da instituição, avise com antecedência razoável aos orientandos, a fim de que possam se programar para este imprevisto.

Impeça relacionamento mais íntimo com o orientando. Como diria Jânio Quadros, "excesso de intimidade provoca mal-entendidos e filhos." Qualquer dessas consequências evidentemente prejudicará a evolução do trabalho científico, além de fazer questionar o grau de profissionalismo do orientador.

Quando assinar uma **carta de recomendação** ou apresentar um relatório relativo ao orientando ou a seu trabalho, seja autêntico e objetivo. Não desperdice elogios sem fundamento, pois isso compromete o seu próprio nome como acadêmico e como orientador.

Por fim, algumas recomendações finais para a **banca de avaliação**. A primeira recomendação é não criar expectativas exageradas do orientando quanto à qualidade do trabalho. Muitos alunos conseguem se superar ao elaborar o trabalho científico, mas essa superação não quer dizer que o trabalho revolucionou o conhecimento sobre o tema. Portanto, diga que uma porcaria é uma porcaria. Usar de eufemismos induzirá o aluno em erro, e a ter expectativa de uma avaliação melhor do que o trabalho merece.

Uma situação delicada é quando o aluno pensa que um membro da banca tem alguma predisposição contra ele. Em geral, o membro da banca sequer lembra de conhecer o aluno, mas pode haver casos em que isso seja verdade. Seja criterioso, mas informe ao coordenador de pesquisa sobre a situação, e questione quanto à possibilidade de troca do membro da banca.

Se o orientador for membro da banca, **deve comportar-se com imparcialidade** e permitir que o aluno assuma a defesa do trabalho. Não tome as dores, nem tente pressionar os demais membros da banca a concluir contrariamente à avaliação que fizerem. Aprenda com as observações, e considere-as na próxima orientação.

Carta ao pretendente a orientando

Prezado Aluno,

Recebi seu projeto, que julgo bastante interessante e pertinente. Espero poder encontrá-lo na semana que vem, para podermos discutir alguns aspectos importantes, sobretudo no que se refere à delimitação do tema e à proposta de sumário.

Antes, entretanto, gostaria de esclarecer minha compreensão quanto ao papel que julgo pertinente como orientador, e às expectativas que tenho de seu trabalho.

SEMINÁRIO DE METODOLOGIA

Todos os anos, faço uma revisão coletiva com os orientandos, sobre regras e dúvidas mais comuns sobre metodologia. Pretendo fazê-lo em fevereiro próximo. A presença é compulsória.

REUNIÕES MENSAIS

Todos os meses, faço pelo menos uma reunião com todos os orientandos, onde cada um deve fazer uma pequena apresentação (10-15 minutos) da evolução de seu trabalho, e das dúvidas de mérito e de metodologia que estão surgindo. A presença é obrigatória. O horário será acordado no início do semestre.

PRAZOS

Um fato relevante em sua vida, e na minha, é que os prazos sejam cumpridos. O prazo final para você defender seu trabalho é março do ano que vem. Devo estar fora do país em janeiro. Portanto, espero que todos os meus orientandos estejam com os trabalhos já depositados (embora não necessariamente defendidas) em dezembro de _____.

Relatórios trimestrais devem ser entregues nos prazos estipulados pela Secretaria do Curso. Por favor, informe-se sobre o calendário de entrega dos relatórios. Espero recebê-los duas semanas antes de cada prazo, para que possa revisá-los e assiná-los.

PRORROGAÇÕES

Não existem no meu vocabulário. Se precisar de prorrogação, arrume outro orientador.

ENTREGA DE CAPÍTULOS

– entregue os capítulos à medida que forem ficando prontos; não deixe para entregar tudo de última hora, pois sempre há acúmulo de trabalho;

– calcule pelo menos dez dias para que eu possa ler o capítulo entregue;

– se tiver dificuldades de gramática e ortografia, mande ao revisor de português antes de me entregar, para que eu possa me concentrar apenas no mérito do trabalho;

– o arquivo com cada capítulo pode ser remetido para meu correio eletrônico da faculdade; para corrigir, uso o recurso Ferramenta-Controlar Alterações do Word. Por favor, obtenha este editor de texto;

– quando me mandar cada capítulo, por favor, remeta também a atual estrutura do sumário, para que eu possa acompanhar a evolução do trabalho e eventuais mudanças.

SUBSTITUIÇÃO DE ORIENTADOR

A relação com o orientador é uma relação profissional; portanto, não haverá nenhum constrangimento caso, ao longo do ano, você queira trocar de orientador (a recíproca é verdadeira).

TRABALHO REALIZADO

Espera-se que o trabalho final seja de excelente qualidade, e que possa ser indicado para publicação. Neste caso, comprometo-me a buscar recursos para formar uma banca com nomes reconhecidos no meio acadêmico.

Caso você concorde com essas regras, por favor, telefone para agendarmos uma reunião na semana que vem.

Atenciosamente,

Prof. W. Barral

4 O COORIENTADOR: ESSE DESCONHECIDO

Algumas instituições permitem que o aluno seja orientado também por um coorientador, que normalmente é um profissional ou professor de outra instituição. Como primeiro requisito para ter um coorientador, o aluno deve informar ao coordenador de monografia e inserir o nome do coorientador em seu projeto. Deve também ter o cuidado de informar e conseguir a autorização de seu orientador.

No meio acadêmico, o jogo de vaidades não é pequeno, e uma gafe imperdoável é convidar para coorientador algum inimigo de seu orientador, ou alguém que tenha com ele diferenças teóricas irreconciliáveis. Verifique isso antes, sob pena de padecer no limbo acadêmico pelo resto de sua existência.

Verifique também se sua instituição proíbe a atuação do coorientador na banca de avaliação. Em muitos casos, sendo um especialista na matéria, mais valerá tê-lo como avaliador do que como coorientador.

Observe também que muitos professores não aceitam ser coorientadores, e isso é explicável: temem conflito com o orientador quanto ao direcionamento, e julgam-se sobrecarregados com seus próprios orientandos.

5. A BANCA EXAMINADORA

É usual, em trabalhos de conclusão um percurso, a exigência de apresentação perante uma banca examinadora, que atesta e avalia a qualidade do trabalho. A submissão à banca é uma exigência normativa para os cursos de graduação, de mestrado e de doutorado em Direito. A razão para existência da banca é a oportunidade, para o aluno, de demonstrar seus conhecimentos sobre a matéria e estabelecer um diálogo a propósito de suas ideias.

Pretende-se que a banca examinadora não seja nem uma maquinação malévola para humilhar o aluno, nem uma reunião de compadres para elogiar o afilhado. Em alguns casos, uma dessas situações acaba ocorrendo, o que desvirtua todo o propósito de apresentação do trabalho à comunidade científica.

Diz-se que, perante a banca, o aluno "defenderá" o seu trabalho. A ideia é que ele sustente, com argumentos cientificamente válidos, as hipóteses apresentadas. Ao mesmo tempo, que retruque os questionamentos e dúvidas apresentadas pela banca.

O procedimento adotado no momento da defesa do trabalho científico varia de acordo com a instituição. Geralmente, a banca é composta por três membros, para avaliar trabalhos de graduação ou de mestrado, e por cinco membros, na defesa de tese de doutorado. No Brasil, em geral o orientador participa da banca de avaliação, contrariamente ao que ocorre em alguns países europeus. As sessões são públicas e acessíveis ao resto da comunidade acadêmica. Um bom exercício é assistir a algumas bancas de defesa antes da apresentação de seu próprio trabalho; você verá o quanto se pode aprender com erros alheios.

Na maioria das instituições, após a abertura dos trabalhos pelo presidente da banca, o aluno tem algum tempo (normalmente trinta minutos) para apresentar seu trabalho. Este tempo é muito curto. Concentre-se nos aspectos principais do trabalho e em sua efetiva contribuição para o conhecimento da matéria e para a sustentação da hipótese. Recomenda-se que a apresentação siga a seguinte ordem: (a) razões para escolha do tema; (b) sistemática de divisão do trabalho; (c) metodologia da pesquisa utilizada; (d) discussão do problema específico e hipótese apresentada; (e) conclusões.

Ensaie em casa, para verificar se você não está ultrapassando o período que lhe será permitido falar na banca. Como regra, seu ensaio deve alcançar 80% do tempo permitido.

Se você pretende utilizar algum recurso visual, não exagere em seu entusiasmo midiático. Utilize transparências objetivas, com tópicos e sem frases longas. A banca deve prestar atenção em sua apresentação, e não ficar lendo longas definições na parede. Caso você pretenda utilizar um aparelho de projeção, esteja seguro de que ele funciona antes da apresentação. Lembre-se que aparelhos eletrônicos empacam reiteradamente, e justamente nesses momentos em que deveriam demonstrar alguma utilidade.

Após a apresentação pelo aluno, cada membro da banca tem um tempo para fazer sua arguição. Anote as observações do membro da banca, e depois verbere suas considerações sobre elas, concordando no que for necessário mudar no trabalho, sustentando sua posição no que for pertinente, e respondendo às indagações formuladas. Aja com objetividade e cortesia; não exagere em loas e salamaleques, nem seja agressivo contra o membro da banca.

Tome cuidado de verificar se o membro da banca – e, óbvio, o seu orientador – publicaram trabalhos sobre o tema que você pesquisou. Verifique qual o posicionamento deles sobre o assunto, e antecipe eventuais oposições à hipótese d[illegible] seu trabalho. Não se esqueça também de incluir estes trabalhos nas referências bibliográficas. Poucas coisas alegram mais a um acadêmico do que certificar-se que alguém leu suas publicações.

Lembre-se de verificar as questões mundanas que estão relacionadas com a defesa do trabalho científico, as quais podem interferir em sua elevação espiritual: o auditório está reservado? A banca confirmou presença? Você reservou o retroprojetor ou o datashow? Você está levando material para anotações? Quão formal é a defesa, e você estará trajado compativelmente?

6. OS ERROS MAIS COMUNS NA DEFESA DO TRABALHO

Na exposição oral:

– **perder tempo com detalhes do trabalho:** o tempo para exposição é muito curto; portanto, concentre-se em expor a ordenação do trabalho e suas principais contribuições;

– **usar recursos visuais excessivos:** se utilizar retroprojetor ou datashow, projete o sumário, ou organograma ou tópicos; não preencha de conceitos e informações complexas.

Na arguição oral:

– **levar as críticas para o lado pessoal:** o membro da banca está avaliando o seu trabalho; portanto, aja de forma impessoal e profissional, aceitando ou defendendo-se das críticas, e não atacando a banca;

– **interromper membro da banca:** a ordem da defesa é que cada qual fale a seu tempo; anote as questões apontadas, e responda-as quando lhe for dada a palavra pelo presidente da banca;

– **defender-se com alegação de problemas pessoais:** a avaliação é do trabalho e de sua validade científica, e a Ciência nada tem a ver com eventuais problemas pessoais;

– **justificar posições adotadas por meio de casuísmos:** o relato de experiências pessoais, a não ser quando documentada metodologicamente, não é prova científica do trabalho.

AVALIAÇÃO DO TRABALHO CIENTÍFICO

1. FUNDAMENTOS DA AVALIAÇÃO

Julgar sempre é difícil, e é inevitável que certo grau de subjetivismo afete nosso discernimento. Em um tribunal do júri, por exemplo, pode-se questionar quão mais influentes são os fatores extrajurídicos (preconceitos, valores morais dos jurados, situação social do réu), do que os elementos fáticos ligados ao suposto crime.

Da mesma forma, na avaliação do trabalho acadêmico, é impossível garantir total isenção dos membros da banca. A experiência demonstra, contudo, que a variação de notas se dá muito mais em razão do comportamento perene dos professores do que em razão de um aluno específico. Ou seja, alguns professores são menos exigentes, e isso macula todas as bancas que compõem, independentemente do trabalho sob avaliação. De outro lado, uma banca composta por acadêmicos severos redundará numa nota mais baixa, ainda que o trabalho seja qualitativamente melhor. Além do grau de rigor, a avaliação evidentemente será afetada pela orientação ideológica do membro da banca.

2. CRITÉRIOS DE AVALIAÇÃO

Para tentar diminuir o grau de subjetivismo que afeta o momento da avaliação do trabalho científico, é recomendável que a instituição forneça parâmetros, em itens separados, cuja soma redundará na nota final. A lista de parâmetros abaixo é utilizada no Curso de Direito da UFSC, onde cada membro da banca de avaliação recebe uma ficha com estes critérios, juntamente com o trabalho a ser avaliado. Cada um dos critérios tem peso igual a dez, e a soma total deverá equivaler a 100:

Forma:

1) **Apresentação do texto**: linguagem apropriada e técnica; correção ortográfica e gramatical; clareza da redação;

2) **Apresentação do trabalho**: apresentação de citações e rodapés conforme ABNT; referências bibliográficas completas; margens, recuos, tamanho de letra, n. de páginas segundo regras da instituição.

Pesquisa:

3) **Interesse do tema**: importância do tema na área envolvida; enfoque original;

4) **Profundidade da pesquisa**: tema bem delimitado; esgotamento do problema proposto;

5) **Fundamentação**: contextualização do problema; embasamento teórico preciso;

6) **Bibliografia**: revisão bibliográfica completa e atual; análise crítica dos demais trabalhos apresentados sobre o tema, na instituição; pesquisa (se pertinente) de bibliografia estrangeira;

7) Cientificidade da análise: clareza do método utilizado; identificação clara das fontes utilizadas e citadas; coerência entre argumentos e resultados apresentados

Defesa e arguição:

8) Fluência: postura; recursos didáticos utilizados; clareza da exposição;

9) Tempo: capacidade de expor o trabalho realizado no prazo de 30 minutos;

10) Independência intelectual: capacidade de explicar falhas e responder às questões apresentadas pela banca.

3. NOTA RESULTANTE

Como consequência da aplicação desses parâmetros, a nota será resultado da média das notas individuais atribuídas por cada membro da banca:

0,0 – 5,9: trabalho reprovado, não atinge condições mínimas para avaliação;

6,0 – 6,9: trabalho regular, atinge condições mínimas para aprovação;

7,0 – 7,9: bom trabalho monográfico, com aspectos que o destacam;

8,0 – 8,9: trabalho muito bom, que poderá ser publicado após modificações;

9,0 – 9,5: trabalho excelente, com características inovadoras e contribuição efetiva para a área de conhecimento; aprovado com distinção.

9,6 – 10,0: trabalho excepcional, sem necessidade de muitas modificações, e que recebe o aval integral dos membros da banca para que seja publicado; aprovado com distinção e louvor.

REFERÊNCIAS BIBLIOGRÁFICAS

AMBONI, Nério, ANDRADE, Ana Lúcia de. **Manual para elaboração e apresentação de trabalhos acadêmicos**. Florianópolis: ESAG, 1991.

ASSOCIAÇÃO BRASILEIRA DE NORMAS TÉCNICAS. **NBR 10520**: Informação e documentação – referências – elaboração. Rio de Janeiro: ABNT, agosto de 2002.

ASSOCIAÇÃO BRASILEIRA DE NORMAS TÉCNICAS. **NBR 6023**: Informação e documentação – Apresentação de citação em documentos. Rio de Janeiro: ABNT, agosto de 2002.

ASSOCIAÇÃO BRASILEIRA DE NORMAS TÉCNICAS. **NBR 6028:** Informação e documentação – Resumo – Apresentação. Rio de Janeiro: ABNT, julho de 2003.

ASSOCIAÇÃO BRASILEIRA DE NORMAS TÉCNICAS. **NBR 6027:** Informação e documentação – Sumário – Apresentação. Rio de Janeiro: ABNT, maio de 2003.

ASSOCIAÇÃO BRASILEIRA DE NORMAS TÉCNICAS. **NBR 12225:** Informação e documentação – Lombada – Apresentação. Rio de Janeiro: ABNT, julho de 2004.

ASSOCIAÇÃO BRASILEIRA DE NORMAS TÉCNICAS. **NBR 14724**: Informação e documentação – trabalhos acadêmicos – apresentação. Rio de Janeiro: ABNT, abril de 2011.

ASSOCIAÇÃO BRASILEIRA DE NORMAS TÉCNICAS. **NBR 15287**: Informação e documentação – Projeto de pesquisa – apresentação. Rio de Janeiro: ABNT, abril de 2011.

ASTI VERA, Armando. **Metodologia de pesquisa científica**. Tradução de Maria Helena Guedes e Beatriz Marques Magalhães. Porto Alegre: Globo, 1974.

BEAUD, Michel. **Arte da tese**: como preparar e redigir uma tese de mestrado ou doutorado, uma monografia ou qualquer outro trabalho universitário. Tradução: Glória de Carvalho Lins. Rio de Janeiro: Bertrand Brasil, 1996.

BORDENAVE, J. D. **Estratégias de ensino e aprendizagem.** 5. ed. Petrópolis: Vozes, 1985.

BRASIL. Ministério da Educação. Portaria n. 1.886, de 30.12.94. Publicada no DOU de 4 jan. 1995.

BRASIL. Ministério da Educação. Portaria n. 3, de 9.1.96. Publicada no DOU de 10 jan. 1996.

BROGINI, Gilvan. **Medidas de salvaguardas e uniões aduaneiras**. São Paulo: Aduaneiras, 2000.

CAPPELLETTI, Mauro. **Dimensioni della giustizia nelle società contemporanee**. Bologna: Il Mulino, 1994.

CARVALHO, José Murilo de. Como escrever a tese certa e vencer. **O Globo**, 16 dez. 1999, p. B3.

CURSO DE PÓS-GRADUAÇÃO EM DIREITO. **Convergência**: coletânea de sugestões quanto à produção acadêmica. Florianópolis: UFSC, 1987.

DEMO, Pedro. **Pesquisa**: princípio científico e educativo. 6. ed. São Paulo: Cortez, 1999.

DESLANDES, Suely Ferreira. A construção do projeto de pesquisa. In: SOUZA, Maria Cecília de *et al.* **Pesquisa social**: teoria, método e criatividade. 17. ed. Petrópolis: Vozes, 1994.

DREYFUS, Simone. **La thèse et le mémoire de doctorat en droit**. Paris: Armand Colin, 1971.

ECO, Umberto. **Como se faz uma tese**. 12. ed. São Paulo: Ed. Perspectiva, 1995.

GIL, Antônio Carlos. **Metodologia do ensino superior.** 3. ed. São Paulo: Atlas, 1997.

GRIDEL, Jean-Pierre. **La dissertation et le cas pratique en droit privé**. 10. ed. Paris: Dalloz, 1986.

GUERRA, Martha de Oliveira; CASTRO, Nancy Campi de. **Como fazer um projeto de pesquisa**. 2. ed. Juiz de Fora: EDUFJ, 1994.

KELSEN, Hans. **Teoria pura do direito**. Trad. Joao Baptista Machado, Silvana Vieira. São Paulo: Martins Fontes, 1985.

KRAMMES, Alexandre. **O judiciário catarinense e a arbitragem** (Monografia de Direito). Centro de Ciências Jurídicas. Universidade Federal de Santa Catarina. Florianópolis, 1999.

LAKATOS, Eva Maria; MARCONI, Marina de Andrade. **Fundamentos de metodologia científica.** 3. ed. São Paulo: Atlas, 1991.

LEITE, Eduardo de Oliveira. **A monografia jurídica**. 2. ed. Porto Alegre: Fabris, 1985.

LUNA, Sérgio Vasconcelos de. **Planejamento de pesquisa**: uma introdução. São Paulo: Educ, 2000.

MAUCH, James; BIRCH, Jack. **Guide to the successful thesis and dissertation**. 4. ed. New York: Marcel Dekker, 1988.

MEZZAROBA, Orides; MONTEIRO, Cláudia Sevilha. **Manual de metodologia da pesquisa no Direito**. Florianópolis: Fundação Boiteux, 2001.

MIROW, Matthew C. **Plagiarism**: a workshop for law students. Disponível em: <http://www.lexisnexis.com>. Acesso em: 7 jan. 2002.

MONTORO, André Franco. **Introdução à Ciência do Direito**. 21. ed. São Paulo: Revista dos Tribunais, 1993.

ODELL, John S. **Negotiating the World Economy**. Ithaca, NY: Cornell University Press, 2000.

OLIVEIRA, Olga Maria Boschi Aguiar de. **Monografia Jurídica**: orientações metodológicas para o trabalho de conclusão de curso. 2. ed. Porto Alegre: Síntese, 2001.

PALASOTA, Anthony. **A guide to good legal writing**: an Introduction to the writing process. Thurgood Marshall School of Law, Texas Southern University. Disponível em: <www.tsulaw.edu>. Acesso em: 12.12.2001.

RODRIGUES, Horácio Wanderlei; JUNQUEIRA, Eliane Botelho. **Ensino jurídico no Brasil**: diretrizes curriculares e avaliação das condições de ensino. Florianópolis: Fundação Boiteux, 2002.

ROSENN, Keith S. Brazil's legal culture: the jeito revisited. Miami, **Florida International Law Journal**, v. 35, n. 111, p. 1-49, 1984.

SILVEIRA, Newton. **A propriedade intelectual e as novas leis autorais**. 2. ed. São Paulo: Saraiva, 1998.

SEVERINO, Antônio Joaquim. **Metodologia do trabalho científico**. 14. ed. rev. ampl. São Paulo: Cortez, 1986.

SOCIAL SCIENCE RESEARCH COUNCIL. **The art of writing proposals**. Disponível em: <http://www.ssrc.org/programs/publications_editors/publications/art_of_writing_proposals.page>. Acesso em: 12 dez. 2002.

SOUZA, Maria Cecília de *et al.* **Pesquisa social**: teoria, método e criatividade. 17. ed. Petrópolis: Vozes, 1994.

TAFNER, José; BRANCHER, Almerindo; TAFNER, Malcon A. **Metodologia científica**. Curitiba: Juruá, 1995.

THE COLUMBIA LAW REVIEW *et al.* **A uniform system of citation**. 13. ed. Massachusetts: Lorell Press, 1981.

TUCCI, Jose Rogerio Cruz; AZEVEDO, Luiz Carlos de. **Lições de historia do processo civil romano**. São Paulo: Revista dos Tribunais, 1996.

UNIVERSIDADE FEDERAL DE SANTA CATARINA. **Convergência**: coletânea de sugestões quanto à produção acadêmica. Florianópolis, out. 1987.

UNIVERSIDADE FEDERAL DE SANTA CATARINA. Departamento de Direito. **Regulamento do trabalho de conclusão do curso de graduação em Direito**. Florianópolis: UFSC, 1996.

UNIVERSIDADE FEDERAL DO PARANÁ-BIBLIOTECA CENTRAL. **Normas para apresentação de trabalhos**. Parte 2. 3. ed. Curitiba: Ed. da UFPR, 1994.

UNIVERSIDADE FEDERAL DO PARANÁ-BIBLIOTECA CENTRAL. **Normas para apresentação de trabalhos**. Parte 7. 4. ed. Curitiba: Ed. da UFPR, 1994.

WARAT, Luis Alberto. **Introdução geral ao direito.** Porto Alegre : Sérgio Antonio Fabris, 1994.

WILSON, Harris W.; LOCKE, Louis G. **The university handbook**. 2. ed. Chicago: Holt, Rinehart and Winston, 1966.

WITCKER, Jorge. **Como elaborar una tesis en Derecho**. Madrid: Civitas, 1986.

WOLKMER, Antônio Carlos. **História do Direito no Brasil**. Rio de Janeiro: Forense, 1997.

Impresso em janeiro de 2016